Dominando o Jogo Financeiro

Guia completo para criar um plano de ação para alcançar a riqueza e a prosperidade.

Thita Enrks

Inclui estratégias dos maiores bilionários e seus mindsets de sucessoi

*Este livro digital oferecerá aos leitores uma abordagem completa e
detalhada para transformar sua mentalidade em relação ao dinheiro e à
riqueza. Com informações valiosas, estratégias práticas e exemplos
inspiradores, eles serão capacitados a adotar um mindset bilionário e
trilhar o caminho para a liberdade financeira e a realização pessoal.*

01

Introdução a Mentalidade de Sucesso Financeiro

02

Definindo metas para conquistar a liberdade financeira

03

Acredite em si mesmo: Construindo autoconfiança

04

Assumindo a responsabilidade pela sua riqueza

05

Cultivando uma mentalidade de crescimento

06

Persistência e resiliência: Supere os obstáculos

07

Construindo uma rede de suporte milionária

08

Dominando o jogo financeiro

09

*Mentalidade de abundância:
Atraindo a prosperidade*

10

*Vivendo uma vida
milionária*

*Os maiores bilionários e seus
mindsets de sucesso*

CONCLUSÃO

*O Caminho para a liberdade
financeira*

01

*Introdução ao
Mentalidade de
Sucesso Financeiro*

Dominando o jogo financeiro
Mentalidade de Sucesso

10 -PASSOS PARA CONQUISTAR RIQUEZA E TER LIBERDADE FINANCEIRA

¨Dominando o jogo financeiro¨ é um guia abrangente que o ajudará a desafiar seus paradigmas e abrir caminho para uma nova mentalidade de crescimento, conquistando riqueza e obtendo sucesso financeiro em seus negócios, seja no físico ou no digital. Neste livro digital, você mergulhará em estratégias poderosas e práticas para transformar sua mentalidade em relação ao dinheiro e superar os obstáculos que o impedem de alcançar a liberdade financeira.

Descubra como desenvolver uma mentalidade de crescimento, reprogramar crenças limitantes e adotar hábitos e comportamentos que impulsionam a prosperidade. Explore as histórias inspiradoras de indivíduos bem-sucedidos, aprendendo com suas jornadas e insights valiosos.

Do desafio do medo ao domínio das finanças pessoais, você encontrará ferramentas eficazes para criar um plano de ação realista e alcançar seus objetivos financeiros. Aprenda a investir com sabedoria, gerenciar seu dinheiro de forma estratégica e aproveitar as oportunidades de crescimento.

Prepare-se para uma transformação completa em sua mentalidade financeira e prepare-se para abrir as portas da abundância e prosperidade em sua vida. Com a mentalidade de sucesso desenvolvida, você terá em mãos as chaves para desbloquear seu verdadeiro potencial e trilhar o caminho rumo a uma vida plena de realizações financeiras.

Sobre o Livro Digital
Dominando o jogo financeiro
Conquiste riqueza e liberdade financeira em 10 passos

O livro aborda especificamente a transformação da mentalidade em relação ao dinheiro e à riqueza, com o objetivo de ajudar as pessoas a alcançarem a liberdade financeira e a prosperidade.

Os temas aqui abordados neste livro digital são muito relevantes para aqueles que desejam melhorar suas finanças pessoais, superar crenças limitantes relacionadas ao dinheiro e adotar uma mentalidade de crescimento para alcançar o sucesso financeiro.

Um guia completo elaborado por especialistas em educação financeira, empresários de sucessos, de grandes nomes do mercado financeiro, e investidores de sucesso os quais acumulam trilhões de dólares por ano.

Assim dito, este livro é destinado para pessoas interessadas em desenvolvimento pessoal, empreendedorismo, investimentos, gestão financeira pessoal e aqueles que desejam melhorar sua relação com o dinheiro e alcançar um estilo de vida próspero.

Nossa real intenção com a elaboração deste livro é ajudar o maior número de pessoas a desenvolver uma mentalidade de sucesso e conquistar a liberdade financeira, atraindo e criando riquezas.

Mas para que isso seja possível, você terá que se libertar de seus paradigmas e entrar na frequência de seus objetivos, somente assim conquistará a vida dos seus sonhos.

Mais que um livro, uma conexão entre pessoas...

Mas o que é o poder de uma mentalidade de sucesso?

Mentalidade é um termo que se refere ao conjunto de crenças, atitudes e pensamentos que uma pessoa possui em relação a si mesma e ao mundo ao seu redor. É a maneira como uma pessoa enxerga e interpreta a realidade, influenciando suas percepções, pensamentos, emoções e comportamentos.

A mentalidade pode ser entendido como um filtro mental que molda a forma como uma pessoa enfrenta desafios, lida com o sucesso e o fracasso, encara as oportunidades e enfrenta obstáculos. É um conjunto de predisposições mentais que pode afetar a motivação, a resiliência, a persistência e o crescimento pessoal.

Existem dois principais tipos de mentalidade que foram popularizados pela psicóloga Carol Dweck em sua obra "Mindset: A Nova Psicologia do Sucesso": o mindset fixo (fixed mindset) e o mindset de crescimento (growth mindset).

- mindset fixo é caracterizado por acreditar que as habilidades e qualidades são inatas e imutáveis. Pessoas com mindset fixo tendem a evitar desafios, têm medo do fracasso, acreditam que o esforço é inútil e se sentem ameaçadas pelo sucesso de outras pessoas.

- já o mindset de crescimento é aquele em que acredita-se que as habilidades e qualidades podem ser desenvolvidas e aprimoradas ao longo do tempo. Pessoas com esse tipo de mindset veem desafios como oportunidades de aprendizado, acreditam que o esforço e a dedicação podem levar ao crescimento pessoal e se inspiram pelo sucesso alheio.

Ter consciência da própria mentalidade e trabalhar para desenvolver uma mente de crescimento pode ser benéfico, pois pode impulsionar o aprendizado, a resiliência e a busca por metas e objetivos pessoais. É importante lembrar que o mindset não é fixo e pode ser desenvolvido e modificado ao longo da vida.

Explore a importância fundamental da mentalidade para alcançar a riqueza e a abundância.

Neste capítulo, vamos mergulhar na compreensão profunda da importância da mentalidade na busca pela riqueza e abundância. A forma como pensamos e encaramos as oportunidades financeiras desempenha um papel fundamental em nossa capacidade de alcançar o sucesso financeiro. Ao explorar e entender a influência da mentalidade, podemos desenvolver uma base sólida para construir uma vida de prosperidade. Prepare-se para descobrir como a mentalidade pode ser a chave para desbloquear o potencial financeiro em sua vida!

A mentalidade como ponto de partida

A importância fundamental da mentalidade como ponto de partida para alcançar a riqueza e a abundância. Entender como nossos pensamentos e crenças influenciam nossas ações financeiras é o primeiro passo para transformar nossa realidade financeira. Prepare-se para mergulhar em uma jornada de autodescoberta e compreensão, enquanto desvendamos o poder da mentalidade como base para o sucesso financeiro.

A mentalidade como ponto de partida refere-se ao reconhecimento de que nossos pensamentos e crenças têm um papel fundamental em nossa jornada em direção à riqueza e à abundância. É a compreensão de que nossa mentalidade é o ponto de partida para qualquer transformação financeira significativa.

Nossa mentalidade, ou seja, nossos padrões de pensamento e crenças, moldam nossa percepção da realidade e influenciam nossas decisões e ações relacionadas ao dinheiro. Se acreditamos que não somos capazes de alcançar o sucesso financeiro, que o dinheiro é difícil de ser obtido ou que a riqueza é reservada apenas para os outros, é provável que nossas ações estejam alinhadas com essas crenças limitantes. No entanto, ao reconhecermos a importância da mentalidade como ponto de partida, podemos começar a questionar essas crenças limitantes e substituí-las por pensamentos capacitadores e motivadores. Podemos desenvolver uma mentalidade de abundância, onde acreditamos que a riqueza e a prosperidade estão disponíveis para todos, inclusive para nós mesmos.

Uma mentalidade de abundância nos permite expandir nossas possibilidades e estar abertos para novas oportunidades. Ela nos encoraja a adotar uma postura pró-ativa em relação às finanças, buscando conhecimento, desenvolvendo habilidades e tomando as medidas necessárias para alcançar nossos objetivos financeiros.

Compreendendo a diferença entre uma mentalidade de escassez e uma mentalidade de abundância

Compreender a diferença entre uma mentalidade de escassez e uma mentalidade de abundância é fundamental para transformar nossa relação com o dinheiro e criar uma vida de prosperidade. Essas mentalidades representam duas formas opostas de encarar a vida e as oportunidades financeiras.

A mentalidade de escassez é caracterizada pela crença de que há uma quantidade limitada de recursos e oportunidades disponíveis no mundo. Quem possui essa mentalidade tende a ver o dinheiro como algo escasso e difícil de obter. Há uma sensação de falta e preocupação constante com as necessidades básicas não sendo supridas. Isso leva a uma mentalidade de competição e comparação, onde há a crença de que o sucesso financeiro de outra pessoa significa menos oportunidades para si mesmo.

Por outro lado, a mentalidade de abundância é baseada na crença de que o universo é abundante e que há recursos e oportunidades ilimitados disponíveis para todos. Quem adota essa mentalidade enxerga o dinheiro como uma energia que flui livremente e está aberto para receber e compartilhar riqueza. Há uma sensação de confiança e gratidão em relação às finanças, e a pessoa está disposta a assumir riscos calculados para alcançar seus objetivos financeiros.

Compreender essa diferença é fundamental porque nossa mentalidade afeta nossos pensamentos, emoções e ações relacionadas ao dinheiro. Uma mentalidade de escassez nos mantém presos em padrões de medo, preocupação e restrição, impedindo-nos de tomar decisões financeiras ousadas e buscar oportunidades de crescimento. Por outro lado, uma mentalidade de abundância nos capacita a pensar de forma criativa, buscar soluções inovadoras e estar abertos para receber e compartilhar a riqueza.

Ao compreender essa diferença, podemos começar a questionar e desafiar nossas crenças limitantes em relação ao dinheiro e adotar uma mentalidade de abundância. Isso nos permite expandir nossos horizontes financeiros, desenvolver uma relação saudável com o dinheiro e abrir caminho para alcançar a riqueza e a abundância que desejamos em nossas vidas.

Descubra como superar crenças limitantes e medos relacionados ao dinheiro, e aprenda a transformar sua relação com a prosperidade.

Superar crenças limitantes e medos relacionados ao dinheiro é essencial para transformar sua relação com a prosperidade e alcançar a riqueza que você deseja. Aqui estão algumas estratégias poderosas para ajudá-lo nesse processo:

Identifique suas crenças limitantes: Comece por se conscientizar das crenças que podem estar limitando sua relação com o dinheiro. Questione pensamentos como "o dinheiro é difícil de ganhar", "só os ricos ficam mais ricos" ou "não mereço ser próspero". Identificar essas crenças é o primeiro passo para superá-las.

Reframe suas crenças: Assim que identificar suas crenças limitantes, comece a substituí-las por crenças fortalecedoras e positivas. Por exemplo, em vez de acreditar que o dinheiro é escasso, adote a crença de que o dinheiro é uma energia abundante e está disponível para todos. Reframe suas crenças de forma a apoiar sua busca pela prosperidade.

Mude seu diálogo interno: Observe os pensamentos negativos e autos sabotadores relacionados ao dinheiro e substitua-os por afirmações positivas. Treine sua mente para pensar em termos de abundância, sucesso e prosperidade. Repita afirmações como "Eu sou digno de riqueza e prosperidade" ou "Eu atraio oportunidades financeiras em minha vida".

Enfrente seus medos: Identifique os medos que estão bloqueando seu progresso financeiro e enfrente-os de frente. Muitas vezes, os medos estão enraizados em experiências passadas ou preocupações futuras. Reconheça-os, entenda sua origem e tome medidas para superá-los. Lembre-se de que o medo é apenas uma ilusão que pode ser superada com ação e determinação.

Eduque-se financeiramente: Invista tempo em aprender sobre finanças pessoais, investimentos e estratégias de criação de riqueza.

Quanto mais conhecimento você adquirir, mais confiante se sentirá em relação ao dinheiro e mais capaz estará de tomar decisões financeiras inteligentes.

Cerque-se de influências positivas: **Busque a companhia de pessoas que tenham uma mentalidade de abundância e sucesso financeiro. Participe de grupos de networking, eventos relacionados ao empreendedorismo e educação financeira.**

Visualize o sucesso financeiro: **Pratique a visualização criativa, imagine-se vivendo uma vida de abundância financeira. Crie um quadro de visão ou use a técnica da escrita de afirmações para visualizar e manifestar suas metas financeiras. Visualizar o sucesso pode ajudar a fortalecer sua mentalidade positiva e criar uma conexão emocional com seus objetivos.**

Aja de acordo com seus objetivos: **A mudança só ocorre com ação. Identifique ações tangíveis que você pode tomar para melhorar sua situação financeira e comece a implementá-las. Isso pode incluir economizar, investir, buscar novas oportunidades de renda ou buscar educação adicional. Aja com determinação e comprometimento para transformar seus sonhos em realidade.**

2

Definindo Metas Para Conquistar Liberdade Financeira

Aprenda a estabelecer metas poderosas e inspiradoras que o impulsionarão em direção à riqueza.

Seja específico: **Defina metas claras e específicas em termos de valores numéricos, prazos e resultados desejados. Por exemplo, ao invés de dizer "Quero ganhar mais dinheiro", seja mais preciso, como "Quero aumentar minha renda mensal em 30% nos próximos 6 meses".**

Seja desafiador, mas realista: **Estabeleça metas que o motivem e o desafiem a sair da sua zona de conforto, mas também leve em consideração a viabilidade e a realidade da situação. Metas muito fáceis não estimulam o crescimento, enquanto metas inatingíveis podem levar à frustração.**

Defina metas de curto e longo prazo: **Estabeleça metas de curto prazo para manter o ímpeto e a sensação de progresso, bem como metas de longo prazo para orientar sua visão e direção futura. Isso permite que você veja resultados imediatos enquanto mantém o foco em objetivos maiores.**

Torne suas metas mensuráveis: **Certifique-se de que suas metas possam ser medidas e acompanhadas ao longo do tempo. Isso permite que você avalie seu progresso e faça ajustes conforme necessário. Use indicadores chave de desempenho (KPIs) relevantes para monitorar seu sucesso.**

Faça metas alinhadas aos seus valores e paixões: **Certifique-se de que suas metas estejam alinhadas com seus valores pessoais e com aquilo que você é apaixonado. Isso aumentará sua motivação intrínseca e ajudará a manter sua determinação quando enfrentar desafios.**

Divida suas metas em etapas menores: **Divida suas metas em tarefas e marcos menores para torná-las mais gerenciáveis e alcançáveis. Isso também permite que você acompanhe seu progresso de maneira mais eficaz e celebre as pequenas vitórias ao longo do caminho.**

Estabeleça prazos específicos: Defina prazos realistas para suas metas, pois eles fornecem uma estrutura temporal e o mantêm responsável pelo progresso. Certifique-se de definir prazos que sejam desafiadores, mas alcançáveis, levando em consideração suas circunstâncias e recursos disponíveis.

Escreva suas metas e reveja-as regularmente: Escrever suas metas torna-as mais tangíveis e aumenta seu compromisso com elas. Além disso, reserve um tempo regularmente para revisar suas metas, avaliar seu progresso e fazer ajustes se necessário.

Estabeleça objetivos audaciosos e realistas

Para alcançar a riqueza e o sucesso financeiro, é importante estabelecer objetivos audaciosos, mas também realistas

Sonhe grande: Não tenha medo de sonhar alto e estabelecer objetivos que possam parecer ambiciosos. Pense além dos limites convencionais e permita-se visualizar o que seria uma conquista significativa para você.

Seja específico: Torne seus objetivos o mais específicos possível. Em vez de simplesmente dizer "Quero ser rico", defina exatamente o que isso significa para você. Por exemplo, "Quero acumular um patrimônio líquido de $1 milhão em cinco anos".

Divida em etapas menores: Transforme seus objetivos audaciosos em metas menores e mais gerenciáveis. Isso permitirá que você acompanhe seu progresso e mantenha o foco à medida que avança em direção ao objetivo final.

Defina prazos realistas: Estabeleça prazos para cada etapa do seu objetivo, levando em consideração sua situação atual, recursos disponíveis e outros compromissos. Certifique-se de que os prazos sejam desafiadores, mas alcançáveis com esforço e dedicação.

Avalie seus recursos e habilidades: Faça uma análise realista dos recursos e habilidades que você possui atualmente e determine como eles podem ser aproveitados para alcançar seus objetivos. Identifique áreas em que você precisa adquirir novas habilidades ou buscar apoio adicional.

Mantenha o foco e a disciplina: Objetivos audaciosos exigem dedicação e disciplina para serem alcançados. Mantenha-se focado em suas metas, evitando distrações e adotando hábitos e rotinas que o levem mais perto do sucesso.

Aprenda com os fracassos: Esteja preparado para enfrentar desafios e possíveis fracassos ao longo do caminho. Veja-os como oportunidades de aprendizado e ajuste sua abordagem conforme necessário. O fracasso não significa o fim, mas sim uma chance de melhorar e avançar.

Mantenha-se motivado: Encontre maneiras de se manter motivado ao longo da jornada. Isso pode incluir encontrar modelos de sucesso, cercar-se de pessoas inspiradoras, visualizar seus objetivos regularmente e celebrar cada marco alcançado.

Lembre-se de que estabelecer objetivos audaciosos é apenas o primeiro passo. É necessário um planejamento estratégico, ação consistente e resiliência para transformar esses objetivos em realidade. Com determinação e perseverança, você estará no caminho certo para alcançar a riqueza e o sucesso financeiro que deseja.

Criando um plano de ação para alcançar a riqueza e a prosperidade

Para alcançar a riqueza e a prosperidade, é essencial criar um plano de ação sólido. Aqui estão alguns passos para ajudá-lo a desenvolver um plano estratégico:

Defina metas claras: **Comece identificando as metas financeiras específicas que você deseja alcançar. Seja específico sobre a quantia de dinheiro que deseja acumular, os ativos que deseja adquirir ou os marcos que deseja alcançar.**

Avalie sua situação atual: **Faça uma análise honesta de sua situação financeira atual. Isso inclui examinar suas receitas, despesas, dívidas e patrimônio líquido. Compreender sua situação financeira atual é fundamental para determinar os passos necessários para alcançar seus objetivos.**

Crie um orçamento: **Desenvolva um orçamento detalhado para controlar suas finanças. Identifique suas despesas fixas e variáveis e encontre maneiras de economizar dinheiro e reduzir gastos desnecessários. Destine uma parte de sua renda para economias e investimentos.**

Aumente sua educação financeira: **Invista em sua educação financeira para aprender mais sobre gestão de dinheiro, investimentos, impostos e estratégias de enriquecimento. Faça cursos, leia livros e acompanhe recursos relevantes para ampliar seus conhecimentos e habilidades financeiras.**

Diversifique suas fontes de renda: **Procure maneiras de diversificar suas fontes de renda, além de sua ocupação principal. Isso pode incluir investimentos em imóveis, negócios secundários, investimentos em ações ou renda passiva, como dividendos ou royalties.**

Desenvolva um plano de investimento: **Consulte um consultor financeiro ou especialista em investimentos para ajudá-lo a desenvolver um plano de investimento adequado às suas metas e tolerância ao risco.**

Considere opções de investimento de longo prazo, como ações, fundos mútuos, imóveis ou negócios.

Esteja disposto a assumir riscos calculados: **A** construção de riqueza geralmente envolve assumir riscos. No entanto, é importante fazer uma análise cuidadosa e avaliar os riscos antes de tomar decisões de investimento. Esteja preparado para sair da sua zona de conforto e aproveitar as oportunidades que possam surgir.

Acompanhe seu progresso: Estabeleça marcos e acompanhe seu progresso regularmente. Avalie sua situação financeira a cada trimestre ou semestre e faça ajustes se necessário. Acompanhar seu progresso o manterá motivado e ajudará a identificar áreas que precisam ser melhoradas.

Cerque-se de pessoas bem-sucedidas: Procure se associar com pessoas bem-sucedidas e motivadas financeiramente. Isso pode ser por meio de grupos de networking, mentores, grupos de mastermind ou comunidades online. Aprenda com aqueles que alcançaram sucesso financeiro e adote seus hábitos e mentalidade.

Fique comprometido e persista: Lembre-se de que alcançar a riqueza e a prosperidade é um processo contínuo que requer comprometimento e persistência.

3

Acredite em Si Mesmo:
Construindo
a Autoconfiança

Identificando e superando a auto sabotagem e a auto dúvida.

Neste capítulo, exploraremos um dos maiores obstáculos para alcançar a riqueza e o sucesso financeiro: a autossabotagem e a autodúvida. Muitas vezes, somos nossos próprios piores inimigos quando se trata de buscar a prosperidade. Vamos entender por que isso acontece e descobrir estratégias eficazes para superar essas barreiras mentais.

Compreendendo a Autossabotagem

- *Definindo autossabotagem:* **O que é autossabotagem e como ela pode afetar negativamente nossos esforços para alcançar a riqueza e a abundância.**
- *Identificando os padrões de autossabotagem:* **Reconhecendo os comportamentos autodestrutivos que podem minar nossos objetivos financeiros.**
- *Explorando as causas subjacentes:* **Investigando as crenças limitantes, medos e traumas que podem levar à autossabotagem.**

Superando a Autossabotagem

- *Desenvolvendo consciência:* **A importância de estar consciente de nossos pensamentos, emoções e comportamentos autossabotadores.**
- *Desafiando as crenças limitantes:* **Identificando e questionando as crenças negativas que nos impedem de buscar a riqueza e o sucesso financeiro.**
- *Construindo uma mentalidade fortalecedora:* **Adotando uma mentalidade de crescimento e cultivando pensamentos positivos e empoderadores.**
- *Criando novos hábitos:* **Substituindo os comportamentos autossabotadores por hábitos saudáveis e produtivos que nos impulsionam em direção aos nossos objetivos.**

Lidando com a Autodúvida

- *Reconhecendo a autodúvida:* Entendendo como a autodúvida pode minar nossa confiança e limitar nosso potencial.
- *Mudando o diálogo interno:* Transformando a autocrítica em autocompaixão e autoaceitação.
- *Cultivando a confiança:* Adotando estratégias para fortalecer nossa autoconfiança e acreditar em nosso potencial de alcançar a riqueza e a prosperidade.
- *Buscando apoio:* Procurando o apoio de mentores, coaches ou grupos de apoio para superar a autodúvida e obter encorajamento ao longo do caminho.

Dito que: identificando e superando os dois poderosos obstáculos que podem nos impedir de alcançar a riqueza e a prosperidade

Esses padrões negativos de pensamento e comportamento podem minar nossos esforços financeiros e limitar nosso potencial de sucesso. Vamos explorar em profundidade esses desafios e descobrir estratégias eficazes para superá-los e criar uma mentalidade fortalecedora.

Compreender a auto sabotagem do ato inconsciente de se autossabotar, prejudicando nosso próprio progresso e resultados positivos. Ela pode se manifestar de várias maneiras em nossas vidas financeiras, muitas vezes nos impedindo de alcançar a riqueza e a abundância que desejamos.

Alguns exemplos comuns de comportamentos autos sabotadores incluem procrastinação, autocrítica excessiva, medo do fracasso, autossabotagem financeira (como gastar impulsivamente ou não investir de forma adequada) e autolimitação.

Para superar a auto sabotagem, é crucial primeiro reconhecer esses padrões em nossas vidas. Muitas vezes, podemos nos sabotar inconscientemente, sem perceber o impacto negativo que estamos causando. Portanto, a autoconsciência é um primeiro passo fundamental.

Observar nossos comportamentos, pensamentos e emoções nos ajuda a identificar os momentos em que nos sabotamos e entender as motivações por trás dessas ações.
Na próxima etapa, devemos investigar as causas subjacentes da autosabotagem. Muitas vezes, a autosabotagem está enraizada em crenças limitantes, medos e traumas do passado. Crenças como "não mereço ser rico" ou "o dinheiro é a raiz de todos os problemas" podem nos levar a sabotar nossos próprios esforços financeiros.

É importante examinar essas crenças e questioná-las de maneira consciente e racional. À medida que desafiamos essas crenças limitantes, podemos começar a substituí-las por crenças fortalecedoras que nos impulsionam em direção à riqueza e à prosperidade.

Superar a autodúvida é outra barreira significativa que pode nos impedir de alcançar a riqueza e a prosperidade.

Ela se manifesta como a falta de confiança em nossas habilidades, talentos e capacidade de alcançar o sucesso financeiro. A autodúvida pode nos paralisar, nos impedindo de tomar medidas importantes em direção aos nossos objetivos.

Para superar a autodúvida, é necessário adotar uma abordagem abrangente:
Em primeiro lugar, precisamos reconhecer a autodúvida quando ela surgir. Isso envolve estar atento aos nossos pensamentos e sentimentos negativos autodepreciativos. Às vezes, a autodúvida pode se disfarçar de autocrítica ou de voz interior negativa.

Desenvolvendo uma autoimagem positiva e fortalecedora

Desenvolver uma autoimagem positiva e fortalecedora é um passo crucial para superar a autodúvida e alcançar a riqueza e a prosperidade. Nesta seção, exploraremos estratégias eficazes para cultivar uma autoimagem positiva

Cultive a autocompaixão: **Em vez de se criticar e se julgar constantemente, pratique a autocompaixão. Reconheça que todos cometemos erros e enfrentamos desafios, e trate-se com gentileza e compaixão, assim como você faria com um amigo próximo.**

Reconheça suas conquistas passadas: **Faça uma lista de todas as suas realizações passadas, por menores que sejam. Isso ajudará a fortalecer sua confiança e a lembrá-lo de que você é capaz de alcançar o sucesso.**

Identifique seus pontos fortes: **Reconheça e valorize seus pontos fortes e talentos. Todos nós temos habilidades únicas e capacidades especiais. Ao se concentrar em seus pontos fortes, você fortalecerá sua autoconfiança e aumentará sua autoestima.**

Pratique afirmações positivas: **Utilize afirmações positivas diariamente para reprogramar sua mente e criar uma autoimagem fortalecedora. Repita frases como "Eu sou capaz de alcançar a riqueza e a prosperidade" ou "Eu mereço o sucesso financeiro" para fortalecer sua crença em si mesmo.**

Cerque-se de pessoas positivas: **A influência do ambiente em que você se encontra é poderosa. Procure se cercar de pessoas positivas e motivadas, que o inspirem e o apoiem em sua jornada rumo à riqueza. Evite pessoas negativas e críticas, que possam minar sua autoconfiança.**

Busque o autoconhecimento: Conhecer a si mesmo é fundamental para desenvolver uma autoimagem positiva. Identifique suas crenças limitantes e padrões de pensamento negativos e trabalhe para transformá-los. Busque o autoconhecimento por meio de práticas como meditação, terapia ou coaching.

Ao cultivar uma autoimagem positiva e fortalecedora, você estará no caminho certo para superar a autodúvida e abrir as portas para a riqueza e a prosperidade em sua vida. Lembre-se de que a jornada não é linear e exige dedicação e perseverança, mas com a mentalidade certa, você pode alcançar o sucesso financeiro que tanto deseja.

4

Assumindo a responsabilidade pela sua riqueza

Abandonando a mentalidade de vítima e assumindo o controle da sua vida

Neste capítulo, vamos explorar a importância de abandonar a mentalidade de vítima e assumir o controle da sua vida para alcançar a riqueza e a abundância que você deseja. Muitas pessoas se veem como vítimas das circunstâncias ou acreditam que não têm controle sobre sua situação financeira. No entanto, entender que você tem o poder de moldar o seu destino é fundamental para alcançar o sucesso financeiro.

Vamos explorar estratégias práticas para abandonar a mentalidade de vítima e assumir o controle da sua vida.

Assumindo a Responsabilidade: A primeira etapa para abandonar a mentalidade de vítima e assumir o controle da sua vida financeira é assumir a responsabilidade pelas suas ações e resultados. Muitas vezes, é mais fácil culpar os outros ou as circunstâncias externas pelos nossos fracassos ou falta de prosperidade. No entanto, ao assumir a responsabilidade, você reconhece que tem o poder de influenciar e mudar a sua situação financeira.

Reconhecendo sua responsabilidade: Reflita sobre suas crenças e comportamentos em relação ao dinheiro. Você costuma culpar os outros pelas suas dificuldades financeiras? Ou reconhece que suas escolhas e ações têm um impacto direto nos seus resultados financeiros? Aceitar a responsabilidade significa entender que você é o único responsável pela sua situação atual e que tem o poder de fazer escolhas diferentes.

Aprendendo com os erros: Em vez de se lamentar pelos erros do passado, encare-os como oportunidades de aprendizado. Veja cada desafio como uma chance de crescer e se desenvolver. Assumir a responsabilidade implica em reconhecer que você pode aprender com os erros e buscar soluções para superá-los.

Empoderando-se com o conhecimento: Assumir a responsabilidade também envolve buscar o conhecimento necessário para melhorar sua situação financeira. Eduque-se sobre finanças pessoais, invista em seu desenvolvimento profissional e financeiro, e busque orientação de especialistas na área. Quanto mais conhecimento você adquire, mais capacitado estará para tomar decisões conscientes e assertivas em relação ao seu dinheiro.

Tomando medidas proativas: A responsabilidade implica em agir. Identifique áreas em que você pode fazer mudanças positivas e tome medidas concretas para melhorar sua situação financeira. Isso pode incluir criar um orçamento, poupar regularmente, investir seu dinheiro de forma inteligente ou buscar oportunidades de negócio. Assumir a responsabilidade significa não apenas reconhecer sua parte na situação atual, mas também agir para mudá-la.

Mantendo-se comprometido: Assumir a responsabilidade é um compromisso contínuo. Isso significa estar disposto a enfrentar os desafios, perseverar diante das dificuldades e persistir em busca dos seus objetivos financeiros. Lembre-se de que nem sempre será fácil, mas a responsabilidade e a determinação são fundamentais para alcançar a riqueza e a abundância que você deseja.

Assumir a responsabilidade é um passo importante para abandonar a mentalidade de vítima e assumir o controle da sua vida financeira. Ao reconhecer sua responsabilidade, aprender com os erros, buscar conhecimento, tomar medidas proativas e manter-se comprometido, você estará no caminho certo para alcançar a prosperidade. Lembre-se de que você tem o poder de criar a vida financeira que deseja, e a responsabilidade é o primeiro passo nessa jornada de transformação.

Observação: No tópico seguinte perceberás a repetições de alguns assuntos abordados, para que assim haja uma melhor memorização de seu subconsciente, para que a consistência dos pontos chaves fixem em seu subconsciente.

Gerenciando as finanças pessoais de forma responsável e estratégica.

Vamos explorar a importância de gerenciar suas finanças pessoais de forma responsável e estratégica. Ter uma abordagem consciente em relação ao seu dinheiro é fundamental para alcançar a estabilidade financeira e construir riqueza a longo prazo. Vamos abordar estratégias práticas para gerenciar suas finanças de forma eficaz, desde o estabelecimento de um orçamento até o planejamento de investimentos.

A importância de gerenciar suas finanças pessoais de forma responsável e estratégica e ter uma abordagem consciente em relação ao seu dinheiro é fundamental para alcançar a estabilidade financeira e construir riqueza a longo prazo.

Conheça as estratégias práticas para gerenciar suas finanças de forma eficaz, desde o estabelecimento de um orçamento até o planejamento de investimentos.

Estabelecendo um orçamento Um dos pilares fundamentais do gerenciamento financeiro é estabelecer um orçamento adequado. Isso envolve acompanhar suas receitas e despesas, definir metas financeiras realistas e alocar seus recursos de forma inteligente. Um orçamento bem estruturado permite que você tenha controle sobre suas finanças, evite dívidas desnecessárias e direcione seu dinheiro para áreas prioritárias.

Controlando os gastos e evitando dívidas Uma parte crucial do gerenciamento financeiro é controlar os gastos e evitar o acúmulo de dívidas. Isso requer disciplina e consciência em relação aos seus hábitos de consumo. Avalie seus gastos e identifique áreas em que você pode reduzir despesas supérfluas. Crie o hábito de poupar uma porcentagem do seu rendimento regularmente e priorize o pagamento de dívidas existentes para evitar juros e encargos desnecessários.

Investindo de forma estratégica Além de controlar despesas e poupar, é importante investir seu dinheiro de forma estratégica para construir riqueza a longo prazo.

Explore diferentes opções de investimento, como ações, imóveis, fundos mútuos ou negócios próprios, e busque orientação de profissionais financeiros para tomar decisões informadas.
Diversificar seus investimentos e ter uma abordagem de longo prazo ajudará a maximizar seus retornos e criar uma base sólida para sua independência financeira.

Planejando para o futuro O gerenciamento financeiro responsável também envolve planejar para o futuro. Isso inclui a criação de um fundo de emergência para lidar com imprevistos, a obtenção de seguro adequado para proteger seus ativos e sua saúde, e o planejamento da aposentadoria para garantir um futuro financeiramente seguro.

Considere consultar um planejador financeiro para ajudá-lo a desenvolver um plano abrangente que atenda às suas necessidades e objetivos.

Gerenciar suas finanças pessoais de forma responsável e estratégica é essencial para alcançar a estabilidade financeira e construir riqueza ao longo do tempo. Estabelecer um orçamento, controlar gastos, evitar dívidas, investir de forma estratégica e planejar para o futuro são passos fundamentais nessa jornada. Lembre-se de que o gerenciamento financeiro requer disciplina, comprometimento e educação contínua. Ao adotar práticas financeiras saudáveis

Controlando os gastos e evitando dívidas Uma parte crucial do gerenciamento financeiro é controlar os gastos e evitar o acúmulo de dívidas. Isso requer disciplina e consciência em relação aos seus hábitos de consumo. Avalie seus gastos e identifique áreas em que você pode reduzir despesas supérfluas. Crie o hábito de poupar uma porcentagem do seu rendimento regularmente e priorize o pagamento de dívidas existentes para evitar juros e encargos desnecessários.

Avaliando sua situação financeira atual antes de estabelecer um orçamento, é importante avaliar sua situação financeira atual. Isso envolve analisar suas receitas, despesas e dívidas existentes. Liste todas as fontes de renda e identifique todas as suas despesas mensais, incluindo contas fixas e gastos variáveis. Também é essencial analisar suas dívidas, como empréstimos estudantis, hipotecas ou cartões de crédito, para entender sua situação financeira global.

Definindo suas metas financeiras com base na sua avaliação financeira, defina metas financeiras claras e alcançáveis. Isso pode incluir a criação de uma reserva de emergência, pagar dívidas, economizar para uma compra importante, investir em sua educação ou planejar sua aposentadoria. Estabelecer metas financeiras lhe dará um propósito claro e ajudará a direcionar seus esforços no processo de orçamentação.

Criando categorias de gastos, organize suas despesas em categorias para facilitar o controle e o acompanhamento. Crie categorias como moradia, transporte, alimentação, saúde, lazer, educação, entre outras, de acordo com suas necessidades e estilo de vida. Isso permitirá que você visualize claramente como seu dinheiro está sendo gasto e identifique áreas onde é possível fazer ajustes.

Estabelecendo limites de gastos com base nas suas metas financeiras e nas categorias de gastos, estabeleça limites para cada categoria. Determine o valor máximo que você pode gastar em cada área e mantenha-se dentro desses limites. Isso exigirá disciplina e conscientização dos seus gastos diários. Acompanhe seus gastos regularmente para garantir que você esteja aderindo ao seu orçamento.

Acompanhando e ajustando seu orçamento Um orçamento eficaz requer acompanhamento regular e ajustes conforme necessário. Reserve um tempo a cada mês para revisar seus gastos, comparando-os com as metas estabelecidas. Identifique áreas onde você pode economizar mais ou realocar recursos para alcançar seus objetivos financeiros. Se necessário, faça ajustes em suas categorias de gastos e limites para refletir melhor suas prioridades e necessidades.

Estabelecer um orçamento é um passo fundamental para uma vida financeira saudável. Ao avaliar sua situação financeira atual, definir metas, criar categorias de gastos, estabelecer limites e acompanhar regularmente seu orçamento, você terá maior controle sobre suas fin

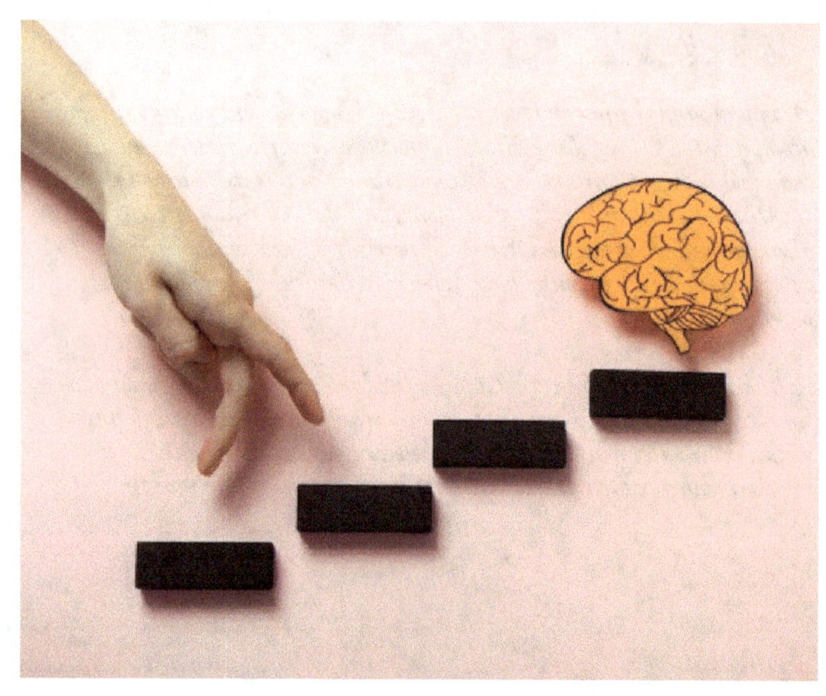

5

Cultivando um mentalidade de crescimento

Abraçando a aprendizagem continua e o desenvolvimento pessoal

O mindset de crescimento é uma mentalidade poderosa que nos permite enfrentar desafios, aprender com os erros e buscar o desenvolvimento pessoal contínuo. Neste capítulo, exploraremos estratégias práticas para cultivar um mindset de crescimento e aproveitar seu potencial máximo. Ao adotar essa mentalidade, você estará aberto a novas oportunidades, resiliência e aprendizado constante. Vamos mergulhar nesse processo de transformação!

Abraçando a mentalidade de aprendizagem:

- Reconheça que as habilidades e talentos podem ser desenvolvidos ao longo do tempo.
- Acredite que o esforço e a dedicação são fundamentais para o crescimento pessoal.
- Veja os desafios como oportunidades de aprendizado e não como obstáculos intransponíveis.

Desenvolvendo uma mentalidade de solução:

- Encare os problemas como desafios a serem superados, não como barreiras intransponíveis.
- Busque soluções criativas e pense "fora da caixa".
- Esteja disposto a experimentar abordagens diferentes e aprender com os resultados.

Cultivando a resiliência:

- Veja os fracassos como oportunidades de aprendizado e crescimento.
- Não deixe que as adversidades o desencorajem, mas sim as encare como degraus em sua jornada.
- Desenvolva uma mentalidade de perseverança diante das dificuldades.

Buscando constantemente o autodesenvolvimento:

- Esteja aberto a novas experiências e desafios.
- Busque oportunidades de aprendizado, como cursos, leituras e mentorias.
- Estabeleça metas pessoais que o incentivem a sair da zona de conforto e a se desenvolver continuamente.

Construindo uma mentalidade de feedback:

- Valorize o feedback como uma oportunidade de aprendizado e crescimento.
- Esteja disposto a receber críticas construtivas e use-as para melhorar.
- Dê e peça feedback de forma aberta e honesta.

Cultivar um mindset de crescimento requer comprometimento e prática constante. À medida que você adota essa mentalidade, estará abrindo portas para o seu próprio crescimento e sucesso. Lembre-se de que cada desafio é uma oportunidade de aprendizado e que seu potencial é ilimitado. Com um mindset de crescimento, você estará pronto para enfrentar qualquer obstáculo e alcançar resultados extraordinários em sua vida pessoal e profissional.

Abraçar a mentalidade de aprendizagem é um dos pilares fundamentais para cultivar um mindset de crescimento. Aqui estão algumas informações adicionais sobre esse aspecto:

Crença na plasticidade do cérebro: A base do mindset de crescimento é a crença de que o cérebro é flexível e maleável, ou seja, suas habilidades e inteligência podem ser desenvolvidas ao longo do tempo. Pesquisas na área da neurociência comprovam que o cérebro tem a capacidade de formar novas conexões neurais e se adaptar com base nas experiências e aprendizados.

Foco no processo, não apenas no resultado: Ao abraçar a mentalidade de aprendizagem, é importante valorizar o processo de aprendizado em si, não apenas o resultado final. Concentre-se em desenvolver suas habilidades, adquirir novos conhecimentos e aprimorar-se continuamente. Compreenda que o progresso e o crescimento são construídos ao longo do tempo, passo a passo.

Persistência e esforço: Na mentalidade de aprendizagem, acredita-se que o esforço é fundamental para o desenvolvimento pessoal. Em vez de ver o esforço como algo negativo ou indicativo de falta de habilidade, encare-o como um investimento no seu crescimento. Veja o erro como uma oportunidade para aprender e melhorar, em vez de um sinal de fracasso.

Desafios como oportunidades: Abraçar a mentalidade de aprendizagem significa ver os desafios como oportunidades para expandir suas habilidades e conhecimentos. Em vez de evitar situações desafiadoras, veja-as como chances de crescimento e aprendizado. Ao se deparar com dificuldades, pergunte-se: "O que posso aprender com isso?" e "Como posso superar esse desafio?".

Curiosidade e sede de conhecimento: Cultivar uma mentalidade de aprendizagem requer curiosidade e interesse pelo mundo ao seu redor. Esteja aberto a novas informações, ideias e perspectivas. Faça perguntas, explore diferentes fontes de conhecimento e esteja disposto a aprender com diferentes pessoas e experiências. A curiosidade é o motor do aprendizado contínuo.

Lembre-se de que a mentalidade de aprendizagem é um processo gradual. À medida que você a adota, estará construindo uma base sólida para o crescimento pessoal e profissional. Esteja disposto a se desafiar, cometer erros e aprender com eles. Com o tempo, você verá que suas habilidades e conhecimentos se expandirão, permitindo que você alcance novos patamares de sucesso e realização.

Desenvolver uma mentalidade de solução é fundamental para cultivar um mindset de crescimento. Aqui estão algumas informações adicionais sobre esse aspecto:

Enfrentar problemas como desafios: **Em vez de ver os problemas como obstáculos intransponíveis, encare-os como desafios a serem superados. Acredite que sempre há uma solução viável para qualquer problema e esteja disposto a encontrar maneiras criativas de resolvê-lo.**

Pensamento "fora da caixa": **Ao enfrentar um problema, evite se limitar a abordagens convencionais. Cultive a capacidade de pensar "fora da caixa" e explore soluções inovadoras. Considere diferentes perspectivas, questione as suposições e esteja aberto a novas ideias e abordagens.**

Aprenda com os fracassos: **Na mentalidade de solução, os fracassos são vistos como oportunidades de aprendizado. Em vez de se desencorajar diante de um revés, reflita sobre o que deu errado e o que pode ser feito de maneira diferente no futuro. Extraia lições valiosas de cada experiência, transformando os fracassos em degraus para o sucesso.**

Persistência e resiliência: **Desenvolver uma mentalidade de solução requer perseverança e resiliência. Esteja disposto a enfrentar os desafios com determinação e não desista facilmente. Mantenha o foco na busca por soluções, mesmo quando encontrar obstáculos ao longo do caminho.**

Colaboração e aprendizado com os outros: **A mentalidade de solução também envolve buscar a colaboração e aprender com os outros. Busque diferentes perspectivas, compartilhe ideias e experiências com colegas, mentores ou especialistas na área. Ao se envolver em discussões e trocas de conhecimento, você ampliará seu repertório de soluções possíveis.**

Experimentação e aprendizado contínuo: **Esteja disposto a experimentar diferentes abordagens e soluções. Veja cada tentativa como uma oportunidade de aprendizado e ajuste. Aprenda com os resultados e esteja aberto a adaptar suas estratégias à medida que avança.**

Desenvolver uma mentalidade de solução exige prática e perseverança. Ao adotar essa abordagem, você estará capacitado a enfrentar desafios de forma criativa e eficaz, buscando sempre soluções viáveis. Lembre-se de que cada problema é uma oportunidade para aprender, crescer e se tornar mais resiliente em sua jornada de desenvolvimento pessoal e profissional.

Cultivar a resiliência é um aspecto essencial para desenvolver um mindset de crescimento. Aqui estão algumas informações adicionais sobre como cultivar a resiliência:

Mudança de perspectiva: A resiliência envolve uma mudança de perspectiva diante das adversidades. Em vez de encarar os fracassos como derrotas finais, veja-os como oportunidades de aprendizado e crescimento. Compreenda que os desafios fazem parte do processo de desenvolvimento e que cada obstáculo superado o torna mais forte e preparado para enfrentar os próximos.

Gestão emocional: Desenvolver a resiliência requer habilidades de gestão emocional. Reconheça e aceite suas emoções em resposta às dificuldades, permitindo-se vivenciá-las de forma saudável. Ao mesmo tempo, trabalhe na habilidade de regular suas emoções, para evitar que elas o dominem e o impeçam de seguir em frente. Cultive a autoconfiança e a crença em suas próprias capacidades.

Autocuidado: A resiliência é fortalecida quando você cuida de si mesmo. Mantenha hábitos saudáveis, como dormir bem, alimentar-se adequadamente e praticar exercícios físicos. Reserve tempo para atividades que lhe tragam prazer e relaxamento, como hobbies ou meditação. Priorizar o autocuidado aumenta sua capacidade de lidar com as adversidades de forma mais eficaz.

Redes de apoio: Ter uma rede de apoio sólida é essencial para cultivar a resiliência. Busque pessoas que o apoiem, compreendam e incentivem seu crescimento. Compartilhe suas experiências e desafios com essas pessoas, buscando conselhos e suporte quando necessário. O apoio social desempenha um papel importante na construção da resiliência e no enfrentamento de situações difíceis.

Foco nas soluções: Em vez de se concentrar apenas nos problemas, direcione sua energia para encontrar soluções. Identifique as ações que podem ser tomadas para superar os desafios e estabeleça metas realistas para alcançá-las. Ao assumir uma postura proativa e voltada para as soluções, você fortalece sua resiliência e mantém o ímpeto de superar as adversidades.

Aprender com os fracassos: Os fracassos fazem parte do caminho do crescimento. Encare-os como oportunidades de aprendizado e reflexão. Identifique as lições que podem ser extraídas de cada experiência e use-as para ajustar suas estratégias futuras. A resiliência é construída através do aprendizado com os erros e da capacidade de se adaptar e melhorar.

Cultivar a resiliência é um processo contínuo que requer prática e perseverança. À medida que você desenvolve essa habilidade, estará mais preparado para lidar com os desafios e incertezas da vida, mantendo-se focado em seus objetivos e progredindo em direção ao seu potencial máximo.

Buscar constantemente o autodesenvolvimento é um componente fundamental para cultivar um mindset de crescimento. Aqui estão algumas informações adicionais sobre como você pode buscar constantemente o autodesenvolvimento:

Aprendizado contínuo: Esteja aberto e disposto a aprender ao longo da vida. Busque oportunidades de aprendizado, como cursos, workshops, palestras, livros e recursos online. Esteja aberto a novas ideias, perspectivas e conhecimentos. Mantenha-se atualizado sobre as tendências e desenvolvimentos em sua área de interesse.

Definir metas pessoais: Estabeleça metas pessoais que o desafiem e o inspirem a crescer. Seja específico sobre o que você deseja alcançar e defina prazos realistas para suas metas. Ao ter metas claras, você se mantém motivado e focado em seu autodesenvolvimento.

Saia da zona de conforto: O crescimento ocorre quando você se desafia e se aventura fora da sua zona de conforto. Esteja disposto a experimentar coisas novas, enfrentar desafios e assumir riscos calculados. Ao enfrentar novas experiências, você adquire novas habilidades e desenvolve uma mentalidade adaptável.

Busque feedback e aprenda com ele: Esteja aberto a receber feedback construtivo sobre seu desempenho e suas habilidades. Valorize as perspectivas dos outros e use o feedback como uma oportunidade de aprendizado e melhoria. Aprenda com seus erros e fracassos, buscando constantemente maneiras de crescer e se aprimorar.

Desenvolva habilidades transferíveis: Além de se especializar em sua área de interesse, procure desenvolver habilidades transferíveis que possam ser aplicadas em diferentes contextos. Isso pode incluir habilidades de comunicação, resolução de problemas, liderança, trabalho em equipe e pensamento crítico. Essas habilidades amplas são valiosas em qualquer área e podem abrir portas para novas oportunidades de crescimento.

Networking e mentorias: Conecte-se com pessoas que possam inspirar e orientar seu autodesenvolvimento. Procure oportunidades de networking, participe de grupos ou comunidades relacionadas ao seu campo de interesse. Busque mentores que possam oferecer orientação e compartilhar suas experiências. Aprenda com os outros e construa relacionamentos que possam impulsionar seu crescimento pessoal e profissional.

O autodesenvolvimento é um processo contínuo e individual. Cada pessoa tem suas próprias áreas de interesse e objetivos. Esteja comprometido com seu próprio crescimento, dedique tempo e esforço para desenvolver suas habilidades e conhecimentos, e você estará no caminho certo para alcançar seu potencial máximo.

Construir uma mentalidade de feedback é fundamental para o autodesenvolvimento e o crescimento pessoal. Aqui estão algumas informações adicionais sobre como desenvolver essa mentalidade:

Abertura e receptividade: Esteja aberto e receptivo ao receber feedback dos outros. Entenda que o feedback é uma oportunidade de aprendizado e crescimento, mesmo que às vezes possa ser difícil de ouvir. Esteja disposto a ouvir diferentes perspectivas e considere o feedback como uma valiosa fonte de informações para o seu desenvolvimento.

Desconstrução do ego: A mentalidade de feedback requer deixar de lado o ego e estar disposto a reconhecer áreas em que você pode melhorar. Não encare o feedback como uma crítica pessoal, mas como uma oportunidade de se aprimorar. Lembre-se de que receber feedback construtivo não diminui o seu valor como pessoa, mas sim oferece insights para o seu crescimento.

Busca ativa por feedback: Não espere que o feedback venha até você. Procure ativamente por feedback de pessoas confiáveis e respeitadas em sua área de interesse. Peça a opinião de colegas, mentores ou especialistas, e esteja disposto a receber críticas construtivas. A busca proativa por feedback demonstra sua motivação para crescer e se desenvolver.

Valorização do feedback como oportunidade de aprendizado: Veja o feedback como uma oportunidade de aprendizado contínuo. Considere cada feedback recebido como uma chance de melhorar suas habilidades, conhecimentos e comportamentos. Aprenda com as informações fornecidas e use-as para fazer ajustes e melhorias em suas ações futuras.

Ação e implementação: O feedback só é valioso se você agir sobre ele. Após receber feedback, reflita sobre as sugestões e pense em como implementá-las em sua vida ou trabalho. Identifique ações concretas que possa realizar para aprimorar suas habilidades ou abordagens. A implementação efetiva do feedback demonstra seu comprometimento com o autodesenvolvimento.

Fornecimento de feedback aos outros: **Além** de receber feedback, esteja disposto a fornecer feedback construtivo aos outros. Ao fornecer feedback de maneira respeitosa e objetiva, você contribui para o crescimento dos outros e também desenvolve suas próprias habilidades de comunicação e liderança.

A construção de uma mentalidade de feedback é um processo contínuo. Quanto mais você praticar a abertura, a receptividade e a implementação do feedback em sua vida, mais rápido você se desenvolverá e alcançará seu potencial máximo. Aproveite as oportunidades de aprendizado e crescimento que o feedback oferece e mantenha-se comprometido em melhorar constantemente.

6

Persistência e Resiliência:
Supere os obstáculos

Lidando com o fracasso e transformando em lições valiosas

O fracasso é uma parte inevitável da jornada rumo ao sucesso. No entanto, em vez de permitir que o fracasso nos desanime, podemos transformá-lo em lições valiosas que impulsionam nosso crescimento e desenvolvimento. Neste capítulo, exploraremos estratégias para lidar com o fracasso, aprender com ele e usá-lo como uma oportunidade para nos fortalecermos e alcançarmos o sucesso.

Aceite o fracasso como parte do processo: *A primeira etapa para lidar com o fracasso é aceitar que ele é uma parte natural do processo de crescimento. Entenda que todos enfrentam falhas em algum momento e que isso não o define como pessoa. Aprenda a separar seu valor pessoal dos resultados do fracasso, reconhecendo que ele é apenas uma experiência temporária.*

Reframe o fracasso como aprendizado: *Em vez de encarar o fracasso como um resultado negativo, reframe-o como uma oportunidade de aprendizado. Veja-o como uma chance de identificar o que deu errado, analisar as possíveis causas e extrair lições valiosas desse processo. Ao adotar essa mentalidade, você transforma o fracasso em uma fonte de crescimento e melhoria contínua.*

Analise e reflita sobre o fracasso: *Após enfrentar um fracasso, reserve um tempo para analisar e refletir sobre a situação. Faça perguntas como: "O que deu errado?", "Quais foram as minhas contribuições para esse resultado?" e "O que posso aprender com essa experiência?". Ao examinar as circunstâncias com objetividade, você ganha insights sobre os pontos de melhoria e áreas em que pode crescer.*

Aprenda com os erros e ajuste sua abordagem: *Use o fracasso como uma oportunidade para aprender com os erros cometidos. Identifique as ações ou estratégias que não funcionaram e pense em maneiras de ajustar sua abordagem. Use as lições aprendidas para melhorar suas habilidades, aprimorar sua estratégia e evitar cometer os mesmos erros no futuro.*

O fracasso pode ser um ponto de virada que impulsiona seu progresso.

Cultive a resiliência: Lidar com o fracasso requer resiliência emocional. Cultive uma mentalidade de resiliência, que envolve a capacidade de se recuperar rapidamente, adaptar-se às mudanças e persistir diante das adversidades. Reforce sua confiança, mantenha uma atitude positiva e veja o fracasso como um trampolim para o sucesso futuro.

Busque apoio e orientação: Não tenha medo de buscar apoio e orientação quando enfrentar o fracasso. Converse com mentores, colegas ou pessoas em sua rede de apoio que possam oferecer insights e encorajamento. Compartilhe suas experiências e emoções com eles, pois o apoio de outras pessoas pode ajudar a superar o fracasso e encontrar novas perspectivas.

Mantendo - se resiliente e persistente diante das adversidades

A vida é repleta de adversidades e desafios que podem abalar nossa confiança e motivação. No entanto, é possível desenvolver habilidades de resiliência e persistência que nos permitem enfrentar as dificuldades com determinação e manter um mindset positivo. Neste capítulo, exploraremos estratégias para cultivar a resiliência e persistência, garantindo que você possa enfrentar qualquer adversidade que surgir em seu caminho.

Cultive uma mentalidade de resiliência: A resiliência começa com uma mentalidade de enfrentamento positiva. Acredite em sua capacidade de lidar com as adversidades e encare-as como oportunidades de crescimento e aprendizado. Ao adotar uma perspectiva de que você pode superar qualquer desafio, você se torna mais resiliente diante das dificuldades.

Construa uma rede de apoio: Ter uma rede de apoio forte é fundamental para se manter resiliente e persistente. Procure pessoas em quem confie, como amigos, familiares ou mentores, que possam fornecer suporte emocional e encorajamento durante os momentos difíceis. Compartilhe suas preocupações e desafios com eles, buscando conselhos e apoio quando necessário.

Desenvolva habilidades de enfrentamento: Habilidades de enfrentamento eficazes são essenciais para lidar com adversidades. Identifique estratégias saudáveis de enfrentamento que funcionem para você, como exercício físico, meditação, escrita ou hobbies que proporcionem alívio do estresse. Ao desenvolver essas habilidades, você terá recursos para lidar de forma construtiva com as dificuldades.

Defina metas realistas: Estabelecer metas realistas e alcançáveis é uma maneira de se manter persistente mesmo diante das adversidades. Divida suas metas em etapas menores e concentre-se no progresso gradual. Ao celebrar as pequenas vitórias ao longo do caminho, você se mantém motivado e persistente, mesmo quando os desafios surgirem.

Aprenda com as adversidades: Encare as adversidades como oportunidades de aprendizado e crescimento. Analise as situações difíceis e procure identificar as lições que podem ser extraídas delas. Reflita sobre o que você pode fazer de diferente no futuro e aplique essas lições em suas abordagens. Cada desafio enfrentado é uma chance de se tornar mais forte e resiliente.

Cultive o otimismo e a gratidão: Manter uma atitude otimista e cultivar a gratidão são maneiras poderosas de se manter resiliente. Encontre coisas pelas quais você é grato todos os dias e pratique o pensamento positivo, mesmo nas situações mais desafiadoras. Isso ajudará a manter seu foco nas soluções em vez de se concentrar nos problemas, fortalecendo sua resiliência e persistência.

Identifique seus paradigmas financeiros: O primeiro passo é se tornar consciente dos paradigmas que você possui em relação ao dinheiro e à prosperidade. Reflita sobre suas crenças, valores e experiências passadas que podem estar influenciando sua mentalidade financeira. Questione se esses paradigmas são realmente verdadeiros ou se são limitações autoimpostas.

Desafie suas crenças limitantes: Uma vez que você identificou seus paradigmas financeiros, é importante desafiá-los. Questionar suas crenças limitantes e buscar evidências contrárias pode ajudar a quebrar os padrões de pensamento negativos. Procure exemplos de pessoas que alcançaram prosperidade e liberdade financeira, mesmo em circunstâncias semelhantes às suas.

Eduque-se financeiramente: O conhecimento é poder quando se trata de prosperidade financeira. Invista tempo e esforço em se educar sobre finanças pessoais, investimentos, planejamento financeiro e estratégias de sucesso financeiro. Quanto mais você aprende sobre o assunto, mais confiança e habilidades você adquire para alcançar seus objetivos financeiros.

Mude sua mentalidade de escassez para abundância: **Muitas pessoas têm** uma mentalidade de escassez, acreditando que há uma quantidade limitada de recursos disponíveis no mundo.

O Para eliminar esse paradigma, é necessário mudar para uma mentalidade de abundância. Acredite que existem oportunidades ilimitadas e que você pode criar riqueza e prosperidade para si mesmo e para os outros. Pratique a gratidão pelo que você já tem e mantenha o foco nas possibilidades positivas.

Estabeleça metas claras e crie um plano de ação: **Defina metas financeiras** claras e específicas que estejam alinhadas com sua visão de prosperidade e liberdade financeira. Crie um plano de ação detalhado para alcançar essas metas, incluindo etapas mensuráveis e prazos realistas. A ação consistente o ajudará a romper os paradigmas antigos e a progredir em direção à sua independência financeira.

Busque modelos e mentores: **Encontre modelos inspiradores e mentores que** tenham alcançado a prosperidade e a liberdade financeira que você deseja. Aprenda com suas experiências, ouça seus conselhos e permita que eles o guiem em seu próprio caminho financeiro. Ter alguém para se espelhar e receber orientação pode ajudar a reforçar sua crença de que é possível conquistar a prosperidade financeira.

Pratique a persistência e a resiliência: **Eliminar paradigmas leva tempo e** esforço. Esteja preparado para enfrentar obstáculos ao longo do caminho e lembre-se de que cada desafio é uma oportunidade para aprender e crescer. Seja persistente em sua jornada financeira e desenvolva resiliência para superar as adversidades que surgirem.

7

*Construindo uma rede
de suporte milionária*

Construir uma rede de suporte bilionária pode ser um desafio, mas é possível com estratégias adequadas e foco no networking de alto nível. Aqui estão algumas orientações para construir uma rede de suporte forte no contexto dos negócios:

Defina seu objetivo e propósito: **Antes de iniciar a construção de sua rede, defina claramente seus objetivos e propósito. Pergunte a si mesmo: por que você quer construir uma rede de suporte bilionária? Identifique seus valores, visão e metas que orientarão suas interações e conexões.**

Identifique líderes e influenciadores: **Pesquise e identifique líderes e influenciadores no setor ou na área em que você deseja construir sua rede de suporte. Procure aqueles que alcançaram o sucesso em nível bilionário e que possam ser mentores ou oferecer insights valiosos. Esteja atento a conferências, eventos, fóruns online e mídias sociais onde essas pessoas possam estar presentes.**

Seja proativo na construção de relacionamentos: **Não espere que as conexões bilionárias venham até você. Seja proativo na construção de relacionamentos. Participe de eventos da indústria, seminários, conferências e encontros de networking onde você pode encontrar pessoas influentes. Aborde-as com respeito e ofereça valor antes de pedir algo em troca. Esteja disposto a investir tempo e esforço na construção de relacionamentos autênticos.**

Ofereça valor aos outros: **Uma das melhores maneiras de construir uma rede de suporte é oferecer valor aos outros. Considere como você pode contribuir para o sucesso de outras pessoas bilionárias ou empreendedores influentes. Compartilhe seu conhecimento, habilidades ou recursos valiosos. Ao ser útil e genuinamente interessado em ajudar os outros a alcançarem seus objetivos, você estará construindo relacionamentos fortes e duradouros.**

Esteja presente nas plataformas certas: **Além** de eventos presenciais, esteja presente nas plataformas online apropriadas. Participe de grupos e comunidades online voltados para o empreendedorismo, investimentos ou setor específico em que você está interessado. Contribua com ideias, insights e informações relevantes para atrair a atenção de pessoas influentes e construir sua reputação.

Busque mentores e coachs: **Procure** mentores e coachs que possam orientá-lo em sua jornada para construir uma rede de suporte bilionária. Eles podem oferecer conselhos valiosos, compartilhar suas próprias experiências e abrir portas para novas conexões. Esteja aberto a aprender com os mais experientes e aproveite ao máximo essa orientação.

Mantenha relacionamentos de longo prazo: **Construir** uma rede de suporte bilionária requer manutenção de relacionamentos de longo prazo. Cultive conexões genuínas, esteja presente e atento às necessidades e objetivos dos outros. Mantenha-se em contato regularmente e ofereça ajuda sempre que possível. Lembre-se de que a construção de uma rede de suporte bilionária não é apenas sobre o que você pode obter, mas também sobre como você pode contribuir para o sucesso dos outros.

Observação ao Efeito do Mindset Repetitivo e Fixador

Para construir uma rede de suporte bilionária, é essencial ter clareza sobre seus objetivos e propósito. Pergunte-se o que você busca alcançar ao construir essa rede. Defina metas específicas e tangíveis que estejam alinhadas com seus valores e visão de sucesso. Ter um propósito bem definido ajudará a direcionar suas interações e a estabelecer conexões significativas.

Realize uma pesquisa abrangente para identificar líderes e influenciadores no seu setor de interesse ou em áreas relacionadas aos seus objetivos financeiros. Isso pode envolver acompanhar notícias do setor, seguir blogs relevantes, pesquisar em redes sociais e participar de eventos específicos. Identifique aqueles que alcançaram sucesso em nível bilionário e que possam fornecer insights valiosos para sua jornada.

Ao construir uma rede de suporte bilionária, é importante ser proativo e tomar a iniciativa na construção de relacionamentos. Participe ativamente de eventos do setor, conferências, seminários e encontros de networking onde você possa encontrar pessoas influentes. Esteja preparado com um discurso de apresentação claro e conciso que demonstre seu valor e interesse genuíno em conhecer outras pessoas.

Uma maneira poderosa de construir relacionamentos com pessoas bilionárias é oferecendo valor. Considere como você pode contribuir para o sucesso delas, seja por meio de seus conhecimentos, experiências ou recursos. Ao compartilhar insights valiosos, oferecer oportunidades de colaboração ou fornecer suporte útil, você estabelece uma base sólida para construir conexões significativas.

Para alcançar pessoas bilionárias e construir uma rede de suporte, é importante estar presente nas plataformas certas. Além de eventos presenciais, participe de grupos e comunidades online que reúnam empreendedores e investidores de alto nível. Esteja ativo em fóruns, grupos de discussão, mídias sociais e plataformas de compartilhamento de conhecimento. Contribua com insights valiosos e esteja atento às oportunidades de conectar-se com pessoas influentes.

Buscar mentores e coachs é uma estratégia eficaz para receber orientação e apoio na construção de sua rede de suporte bilionária. Procure pessoas que tenham alcançado sucesso financeiro em nível bilionário e estejam dispostas a compartilhar suas experiências e conhecimentos. Estabelecer relacionamentos com mentores e coachs pode abrir portas, fornecer insights valiosos e acelerar seu crescimento profissional e financeiro.

Construir uma rede de suporte bilionária requer o estabelecimento de relacionamentos de longo prazo. Mantenha contato regular com as pessoas influentes que você conhece, esteja presente em eventos e atividades relevantes e procure oportunidades de oferecer ajuda e apoio.

Identificar mentores e parcerias estratégicas pode acelerar significativamente o processo de construção de uma rede de suporte bilionária. Aqui estão algumas estratégias para identificar mentores e estabelecer parcerias que impulsionem seu progresso:

Pesquisa e networking direcionado: Pesquise ativamente por pessoas influentes e bem-sucedidas que estejam alinhadas com seus objetivos financeiros. Utilize recursos online, como redes sociais profissionais, sites de negócios e fóruns especializados para encontrar pessoas que possam servir como mentores ou parceiros em potencial. Participe de eventos do setor e encontros de networking onde essas pessoas possam estar presentes. Esteja disposto a iniciar conversas e fazer conexões genuínas.

Faça parte de grupos e comunidades relevantes: Junte-se a grupos e comunidades online ou presenciais que reúnam empreendedores, investidores e profissionais de sucesso. Participar dessas comunidades permitirá que você se conecte com pessoas que compartilham interesses comuns e possuem experiência relevante. Contribua ativamente para as discussões, compartilhe ideias e insights valiosos para atrair a atenção de mentores em potencial e possíveis parceiros.

Aborde mentores com propósito e respeito: Ao abordar potenciais mentores, seja claro sobre suas intenções e demonstre seu respeito pelo tempo e experiência deles. Desenvolva uma abordagem personalizada que mostre seu conhecimento sobre o trabalho e as realizações deles. Explique de forma clara e concisa como a orientação ou parceria deles poderia beneficiar seu próprio crescimento e como você poderia agregar valor a eles também.

Participe de programas de mentoria ou aceleração: Procure programas de mentoria ou aceleração que ofereçam oportunidades de se conectar com mentores experientes e empreendedores de sucesso. Esses programas costumam ter processos de seleção rigorosos, mas podem proporcionar um ambiente estruturado e recursos valiosos para acelerar seu crescimento e construir uma rede de suporte bilionária. Esteja disposto a investir tempo e esforço nesses programas para aproveitar ao máximo as oportunidades oferecidas.

O Desenvolva relacionamentos autênticos: **Ao buscar mentores e parcerias, é fundamental desenvolver relacionamentos autênticos baseados na confiança e na troca mútua de valor. Não aborde as pessoas apenas com o objetivo de obter benefícios pessoais, mas busque construir conexões genuínas. Mostre-se disposto a aprender, ouvir e colaborar. À medida que os relacionamentos se desenvolvem, você terá mais chances de estabelecer parcerias duradouras e benéficas.**

Aproveite sua rede existente: **Não subestime o poder da sua rede de contatos atual. Analise seus relacionamentos existentes e identifique pessoas que possam ser potenciais mentores ou parceiros. Converse com amigos, colegas de trabalho, professores ou outros contatos profissionais para obter recomendações e introduções. Às vezes, as conexões mais valiosas podem surgir de fontes inesperadas.**

A importância de se cercar de pessoas que compartilham sua visão de sucesso.

Cercar-se de pessoas que compartilham sua visão de sucesso é extremamente importante para o seu crescimento pessoal e profissional. Aqui estão alguns pontos-chave que destacam a importância dessa abordagem:

Alinhamento de objetivos: Quando você se cerca de pessoas que compartilham sua visão de sucesso, há um alinhamento natural de objetivos. Isso significa que todos estão caminhando na mesma direção e buscando alcançar metas semelhantes. Esse alinhamento cria uma sinergia poderosa, onde cada pessoa pode se apoiar mutuamente, colaborar e compartilhar recursos para alcançar resultados maiores.

Inspiração e motivação: Estar em um ambiente onde as pessoas compartilham sua visão de sucesso é inspirador e motivador. Você pode se rodear de modelos positivos e inspiradores que demonstram que o sucesso que você busca é alcançável. Essas pessoas podem fornecer encorajamento, compartilhar histórias de sucesso e desafios superados, e ajudá-lo a manter o foco e a determinação em sua jornada.

Troca de conhecimento e experiências: Ao se cercar de pessoas com uma visão de sucesso semelhante, você tem a oportunidade de trocar conhecimentos e experiências. Cada indivíduo traz perspectivas únicas e habilidades que podem ser compartilhadas em benefício mútuo. A troca de ideias e a discussão de desafios e estratégias podem ajudar a ampliar sua compreensão e a encontrar soluções inovadoras para os problemas que você enfrenta.

Networking e oportunidades: Quando você está cercado por pessoas com uma visão de sucesso semelhante, é mais provável que surjam oportunidades de networking e colaboração. Essas pessoas podem compartilhar contatos valiosos, abrir portas para novas oportunidades de negócios ou apresentá-lo a pessoas-chave em seu setor.

O networking entre pessoas que compartilham uma visão de sucesso pode criar uma rede de suporte forte, com parcerias estratégicas e conexões que impulsionam seu crescimento.

Suporte emocional e encorajamento: Construir uma carreira de sucesso pode ser desafiador e solitário em alguns momentos. No entanto, quando você está cercado por pessoas que compartilham sua visão de sucesso, você tem um sistema de suporte emocional. Essas pessoas entendem as dificuldades e os altos e baixos da jornada e podem fornecer suporte, encorajamento e conselhos quando você mais precisa.

Ampliação de perspectivas: Ao se conectar com pessoas que compartilham sua visão de sucesso, você expande suas perspectivas. Você é exposto a diferentes abordagens, ideias e pontos de vista que podem desafiar seus próprios pensamentos e expandir seus horizontes. Essa diversidade de perspectivas ajuda a enriquecer sua visão e a identificar novas oportunidades e estratégias.

Aumento da confiança: Quando você está cercado por pessoas que compartilham sua visão de sucesso, sua confiança também é reforçada. Você se sente apoiado e validado em seus objetivos e aspirações. Isso ajuda a fortalecer sua mentalidade e acreditar em seu potencial

8

*Dominando o jogo
financeiro*

Compreendendo os princípios básicos de investimentos, negócios e empreendedorismo.

Compreender os princípios básicos de investimentos, negócios e empreendedorismo é essencial para construir uma base sólida para o sucesso financeiro. Aqui estão alguns conceitos fundamentais em cada uma dessas áreas:

Investimentos

Diversificação: **A diversificação é a prática de distribuir seus investimentos** por diferentes classes de ativos (ações, títulos, imóveis, etc.) e setores, a fim de reduzir o risco. Ao diversificar, você minimiza a exposição a um único investimento e aumenta suas chances de obter retornos consistentes.

Perfil de risco e retorno: **Cada investimento tem um nível de risco associado** a ele. Compreender seu perfil de risco pessoal é fundamental para tomar decisões de investimento adequadas. Investimentos de maior risco geralmente oferecem um potencial de retorno mais alto, enquanto investimentos mais conservadores tendem a ter retornos mais baixos, mas também menor volatilidade.

Horizonte de investimento: **O horizonte de investimento refere-se ao período** de tempo em que você está disposto a manter seus investimentos antes de precisar resgatá-los. Investimentos de longo prazo, como ações, geralmente oferecem maior potencial de crescimento, mas também podem ser mais voláteis no curto prazo. Por outro lado, investimentos de curto prazo, como títulos de curto prazo, podem oferecer maior estabilidade, mas com menor potencial de crescimento.

Análise de investimentos: **A análise de investimentos envolve avaliar os** fundamentos financeiros de uma empresa ou ativo antes de tomar uma decisão de investimento. Isso pode incluir análise de demonstrações financeiras, análise de mercado, avaliação de concorrência e análise de risco.

Plano de negócios: **Um plano de negócios é um documento que descreve os objetivos, estratégias, recursos e projeções financeiras de um negócio. Ele fornece uma estrutura para orientar o desenvolvimento e a gestão do negócio, além de auxiliar na obtenção de financiamento e na comunicação com stakeholders.**

Segmentação de mercado: **A segmentação de mercado envolve identificar grupos específicos de consumidores com características e necessidades semelhantes. Ao segmentar o mercado, você pode direcionar suas estratégias de marketing de forma mais eficaz, adaptando seus produtos ou serviços às necessidades específicas de cada segmento.**

Gestão financeira: **A gestão financeira é o processo de planejar, monitorar e controlar as atividades financeiras de um negócio. Isso inclui a elaboração de orçamentos, a gestão de fluxo de caixa, a análise de rentabilidade e a tomada de decisões financeiras estratégicas.**

Estratégia competitiva: **A estratégia competitiva envolve identificar e desenvolver vantagens competitivas que diferenciem seu negócio dos concorrentes. Isso pode incluir a oferta de produtos únicos, preços competitivos, excelente atendimento ao cliente ou uma experiência de compra diferenciada.**

Empreendedorismo

A identificação de oportunidades de negócio é um dos principais pilares do empreendedorismo. Aqui estão algumas informações adicionais sobre esse aspecto

Pesquisa de mercado: **Para identificar oportunidades de negócio, é fundamental realizar uma pesquisa de mercado abrangente. Isso envolve coletar e analisar dados sobre o mercado-alvo, incluindo o tamanho do mercado, as tendências, o comportamento do consumidor e a concorrência. A pesquisa de mercado ajuda a identificar lacunas e necessidades não atendidas que podem se transformar em oportunidades de negócio.**

Observação de tendências: **Estar atento às tendências emergentes em diferentes setores pode revelar oportunidades de negócio. Isso pode incluir mudanças nas preferências do consumidor, avanços tecnológicos, novas regulamentações ou até mesmo eventos globais que possam afetar o mercado. Acompanhar de perto as tendências pode ajudar a identificar oportunidades antes que se tornem amplamente reconhecidas.**

Identificação de problemas a serem resolvidos: **O empreendedorismo está intrinsecamente ligado à resolução de problemas. Ao identificar problemas ou frustrações que as pessoas enfrentam em sua vida cotidiana, é possível descobrir oportunidades de negócio. Ao oferecer soluções inovadoras e eficazes para esses problemas, é possível criar valor para os clientes e obter vantagem competitiva.**

Explorar nichos de mercado: **Às vezes, identificar oportunidades envolve olhar para nichos de mercado menos explorados. Esses nichos podem ter demanda não atendida ou segmentos específicos de consumidores que estão sendo negligenciados pelas empresas existentes. Identificar um nicho de mercado e adaptar seu produto ou serviço para atendê-lo pode ser uma estratégia eficaz para encontrar oportunidades lucrativas.**

Observar mudanças demográficas e sociais: **As mudanças demográficas e sociais podem criar oportunidades de negócio significativas. Por exemplo, o envelhecimento da população pode abrir espaço para serviços e produtos voltados para idosos. Da mesma forma, as mudanças nas preferências do consumidor, como maior conscientização ambiental, podem gerar oportunidades para negócios sustentáveis e ecologicamente corretos.**

Escutar o feedback dos clientes: **Os clientes são uma fonte valiosa de informações sobre oportunidades de negócio. Escutar atentamente o feedback dos clientes, entender suas necessidades e desejos, e estar disposto a adaptar-se às suas demandas pode ajudar a identificar oportunidades de melhoria ou até mesmo novas ideias de negócio.**

Acompanhar a concorrência: **Observar** o que os concorrentes estão fazendo pode fornecer insights sobre oportunidades de negócio. Identificar lacunas nos produtos ou serviços oferecidos pelos concorrentes e encontrar maneiras de oferecer algo único ou melhor pode abrir espaço para novos empreendimentos.

Lembre-se de que a identificação de oportunidades de negócio requer criatividade, análise de mercado e a disposição para pensar fora da caixa. Ao estar atento ao ambiente de negócios e às necessidades do mercado, é possível descobrir oportunidades valiosas para empreender

Desenvolvendo habilidades financeiras essenciais para alcançar riqueza.

Desenvolver habilidades financeiras essenciais é fundamental para alcançar a riqueza e garantir uma base financeira sólida. Aqui estão algumas das habilidades financeiras que podem ajudar nesse processo:

A habilidade de criar um orçamento eficaz e fazer um planejamento financeiro é crucial para administrar suas finanças de forma adequada. Isso envolve acompanhar suas receitas e despesas, definir metas financeiras, priorizar gastos, economizar e investir de acordo com suas metas e necessidades.

Buscar conhecimento sobre finanças pessoais e investimentos é uma habilidade essencial. Isso inclui entender conceitos básicos de finanças, como juros compostos, inflação, taxas de retorno, diversificação de investimentos e estratégias de gestão financeira. A educação financeira pode ser adquirida por meio de livros, cursos online, podcasts, seminários e consultorias especializadas.

Saber gerenciar dívidas é crucial para manter uma saúde financeira sólida. Isso envolve entender os diferentes tipos de dívidas, como empréstimos, cartões de crédito e financiamentos, e utilizar estratégias para minimizar o impacto das dívidas, como negociar taxas de juros, consolidar dívidas ou estabelecer um plano de pagamento estruturado.

Desenvolver habilidades de investimento é essencial para fazer o dinheiro trabalhar a seu favor. Isso inclui aprender sobre diferentes classes de ativos, como ações, títulos, imóveis e fundos mútuos, e entender os princípios básicos de diversificação, alocação de ativos, análise de risco e retorno. Aprender sobre investimentos permite tomar decisões informadas e maximizar o potencial de crescimento do seu patrimônio.

Ter uma estratégia de planejamento de aposentadoria é importante para garantir um futuro financeiramente seguro.

Isso envolve entender as opções de previdência, como planos de pensão, 401(k) e IRAs, e estabelecer metas de poupança e investimento de longo prazo. Planejar com antecedência para a aposentadoria permite acumular os recursos necessários para desfrutar de uma vida confortável após o período de trabalho.

A habilidade de gerenciar riscos financeiros é crucial para proteger seu patrimônio. Isso envolve adquirir conhecimentos sobre seguros, como seguro de vida, seguro de saúde e seguro de propriedade, e entender os riscos associados a diferentes tipos de investimentos. Gerenciar riscos financeiros ajuda a minimizar perdas potenciais e proteger seus ativos.

A disciplina financeira é uma habilidade chave para alcançar a riqueza. Isso envolve desenvolver bons hábitos financeiros, como gastar conscientemente, evitar gastos impulsivos, manter um estilo de vida dentro das suas possibilidades, poupar regularmente e adotar uma abordagem disciplinada em relação aos seus objetivos financeiros.

9

Mindset da abundância:
Atraindo a prosperidade

O mindset de abundância é uma mentalidade positiva e orientada para o sucesso, que acredita que há recursos e oportunidades abundantes disponíveis para todos. Ao adotar um mindset de abundância, você está aberto para atrair prosperidade e criar uma vida financeira próspera. Aqui estão algumas informações sobre o mindset de abundância e como ele pode ajudar a atrair prosperidade.

A gratidão é um elemento fundamental do mindset de abundância. Ao praticar a gratidão diariamente, você desenvolve uma mentalidade positiva e valoriza as coisas boas que já tem em sua vida. A gratidão ajuda a criar um estado de espírito positivo e a atrair mais coisas boas para você.

No mindset de abundância, acredita-se que o potencial humano é ilimitado. Você reconhece que tem a capacidade de aprender, crescer e alcançar grandes coisas em sua vida financeira. Essa crença fortalece sua confiança e motivação para buscar oportunidades e enfrentar desafios.

Em vez de se concentrar nas limitações e escassez, o mindset de abundância se concentra nas possibilidades e oportunidades. Você treina sua mente para encontrar soluções criativas, explorar novas ideias e estar aberto para receber abundância em sua vida financeira.

O pensamento positivo desempenha um papel crucial no mindset de abundância. Ao cultivar pensamentos positivos e otimistas, você cria uma atmosfera mental propícia para atrair oportunidades e prosperidade. O pensamento positivo ajuda a superar obstáculos, encontrar soluções e manter-se motivado em busca de seus objetivos financeiros.

O mindset de abundância está alinhado com a mentalidade de crescimento, que acredita que habilidades e talentos podem ser desenvolvidos ao longo do tempo. Você vê os desafios como oportunidades de aprendizado e está disposto a se esforçar, persistir e se adaptar para alcançar o sucesso financeiro.

Na mentalidade de abundância, acredita-se que quanto mais você dá, mais você recebe. Ao praticar a generosidade e o compartilhamento, você cria um fluxo positivo de energia e recursos em sua vida financeira. Compartilhar sua prosperidade com os outros abre espaço para receber ainda mais em troca.

A visualização e as afirmações positivas são práticas comuns no mentalidade de abundância. Ao visualizar-se alcançando seus objetivos financeiros e repetir afirmações positivas relacionadas à prosperidade, você cria uma imagem mental clara e fortalece sua crença em sua capacidade de atrair abundância.

Lembre-se de que o mentalidade de abundância não se trata apenas de pensamentos positivos, mas também de ações consistentes em direção aos seus objetivos financeiros. É importante combinar sua mentalidade com estratégias práticas, como planejamento financeiro, investimentos inteligentes e busca de oportunidades de crescimento.

Praticando a gratidão e a apreciação pelo que já possui.

Praticar a gratidão e apreciação pelo que você já possui é uma poderosa ferramenta para desenvolver um mindset de abundância e atrair prosperidade. Aqui estão algumas informações sobre como praticar a gratidão e a apreciação em sua vida diária:

Mantenha um diário de gratidão: Reserve um tempo todos os dias para escrever algumas coisas pelas quais você é grato. Pode ser algo simples, como o sol brilhando ou uma refeição deliciosa que você teve. Ao escrever essas coisas, você se concentra nas bênçãos em sua vida e aumenta sua consciência sobre as coisas positivas que o cercam.

Expresse gratidão aos outros: Sempre que possível, expresse sua gratidão às pessoas em sua vida. Pode ser um agradecimento sincero a um amigo, um membro da família, um colega de trabalho ou qualquer pessoa que tenha feito algo bom por você. Ao compartilhar sua gratidão, você não apenas faz os outros se sentirem valorizados, mas também fortalece seu próprio sentimento de abundância.

Pratique a apreciação do momento presente: Em vez de se preocupar com o futuro ou lamentar o passado, pratique estar plenamente presente no momento atual. Aprecie as pequenas coisas, como o cheiro de uma flor, o som dos pássaros ou o gosto de uma xícara de café. Apreciar o presente ajuda a aumentar seu senso de gratidão e a cultivar um sentimento de abundância em sua vida.

Cultive a consciência da abundância ao seu redor: Esteja atento às coisas abundantes em sua vida. Pode ser a natureza ao seu redor, os relacionamentos significativos, as oportunidades de aprendizado ou mesmo as pequenas coisas que trazem alegria. Ao se conscientizar da abundância que o cerca, você treina sua mente para se concentrar no positivo e atrair mais coisas boas para sua vida.

Transforme desafios em lições de aprendizado: Em vez de ficar preso nos desafios e contratempos, veja-os como oportunidades de crescimento e aprendizado.

Mesmo nas situações difíceis, há lições valiosas a serem aprendidas. Ao adotar essa perspectiva, você desenvolve um mindset de gratidão pelas oportunidades de crescimento que os desafios trazem.

Pratique a generosidade: Compartilhe sua abundância com os outros. Seja através de doações, voluntariado ou simples atos de bondade, a generosidade aumenta seu sentimento de gratidão e cria um fluxo positivo de energia e prosperidade em sua vida.

Ao praticar a gratidão e a apreciação, você está treinando sua mente para se concentrar no positivo e reconhecer a abundância que já existe em sua vida. Isso cria um estado mental propício para atrair mais prosperidade e oportunidades em seu caminho. Lembre-se de que a gratidão é uma prática diária, então reserve um tempo regularmente para se conectar com a gratidão em sua vida.

Atraindo riqueza e a abundância através da visualização e do pensamento positivo.

A visualização e o pensamento positivo são poderosas ferramentas que podem ajudar a atrair riqueza e abundância em sua vida. Aqui estão algumas informações sobre como usar a visualização e o pensamento positivo para esse fim.

A visualização envolve criar imagens mentais vívidas do que você deseja alcançar. Reserve um tempo todos os dias para visualizar-se vivendo a vida próspera e abundante que você deseja. Imagine-se alcançando seus objetivos financeiros, desfrutando de prosperidade e sentindo-se feliz e realizado. Quanto mais detalhes você puder incluir em sua visualização, melhor. Imagine os sentimentos, as emoções e até mesmo os sons e cheiros associados ao seu sucesso financeiro.

A visualização constante fortalece sua crença em sua capacidade de alcançar a riqueza e atrai oportunidades que estão alinhadas com sua visão. As afirmações positivas são declarações poderosas que você repete para si mesmo, reforçando uma crença positiva sobre sua capacidade de atrair riqueza e abundância. Crie afirmações relacionadas à riqueza e à abundância, como "Eu sou digno de riqueza e prosperidade", "Eu atraio abundância em todas as áreas da minha vida" ou "Eu estou aberto para receber todas as oportunidades financeiras que surgirem". Repita essas afirmações regularmente, especialmente ao acordar e antes de dormir. Ao repetir afirmações positivas, você reprograma sua mente para acreditar em sua capacidade de atrair riqueza e cria uma mentalidade propícia para manifestar a abundância em sua vida.

Cultivar um pensamento positivo é essencial para atrair riqueza e abundância. Esteja consciente dos pensamentos que você alimenta em relação ao dinheiro, ao sucesso e à prosperidade. Substitua os pensamentos negativos e limitantes por pensamentos positivos e otimistas. Foque no que é possível em vez de se concentrar em obstáculos ou escassez. Quando você mantém um pensamento positivo, você está aberto para receber e aproveitar as oportunidades que surgem em seu caminho.

Cultivar a gratidão pela riqueza presente e futura é uma poderosa prática para atrair mais abundância em sua vida. Agradeça pelo dinheiro que você tem atualmente, pelas oportunidades financeiras que você já recebeu e pelas coisas boas em sua vida. Ao expressar gratidão pela riqueza presente, você sintoniza sua vibração com a energia da abundância e atrai mais coisas para serem gratas.

Também seja grato antecipadamente pela riqueza que você deseja manifestar, como se já tivesse acontecido. Essa gratidão antecipada envia uma mensagem poderosa ao universo de que você está pronto para receber a riqueza e a abundância que deseja.

10

Vivendo uma vida milionária

Alcançando o equilíbrio entre a riqueza material e o bem estar emocional.

Alcançar o equilíbrio entre a riqueza material e o bem-estar emocional é fundamental para uma vida plena e satisfatória. Aqui estão algumas informações sobre como encontrar esse equilíbrio

Comece refletindo sobre quais são suas prioridades na vida. O que é mais importante para você? É o seu bem-estar emocional, seus relacionamentos, sua saúde física, sua contribuição para o mundo? Compreender suas prioridades ajudará a direcionar seus esforços e recursos para essas áreas importantes.

Defina metas que abranjam tanto a riqueza material quanto o bem-estar emocional. Por exemplo, suas metas financeiras podem incluir a criação de um fundo de emergência, investimentos ou alcançar uma certa renda. Para o bem-estar emocional, suas metas podem envolver cuidar de si mesmo, cultivar relacionamentos significativos e buscar atividades que tragam alegria e satisfação.

Dedique tempo e energia tanto para atividades relacionadas à riqueza material quanto ao bem-estar emocional. Isso significa encontrar um equilíbrio entre trabalho, lazer, tempo com a família e amigos, autocuidado e desenvolvimento pessoal. Priorize suas responsabilidades financeiras, mas também reserve tempo para relaxar, se divertir e nutrir seus relacionamentos.

Pratique a consciência e a atenção plena em todas as áreas da sua vida. Esteja presente no momento atual e consciente das suas escolhas e ações. Isso ajuda a evitar a armadilha de se tornar excessivamente focado apenas na busca da riqueza material, negligenciando seu bem-estar emocional. A consciência e a atenção plena permitem que você tome decisões equilibradas e alinhadas com seus valores e necessidades.

Aprenda a estabelecer limites saudáveis para si mesmo. Isso envolve dizer "não" quando necessário, delegar tarefas, definir horários de trabalho e lazer e garantir que você tenha tempo suficiente para descansar e se recuperar. Ao estabelecer limites, você protege sua saúde emocional e evita o esgotamento.

Ao estabelecer limites, você protege sua saúde emocional e evita o esgotamento.

Cultivar a gratidão em relação às suas conquistas materiais e emocionais é essencial para encontrar equilíbrio. Reconheça e aprecie as bênçãos em sua vida, desde as pequenas até as grandes. A gratidão ajuda a trazer um senso de plenitude e contentamento, independentemente das suas circunstâncias financeiras.

Não hesite em buscar apoio emocional quando necessário. Isso pode envolver conversar com amigos, familiares ou um profissional de saúde mental. Ter um sistema de suporte confiável pode ajudá-lo a lidar com o estresse financeiro e emocional, proporcionando uma perspectiva equilibrada e apoio durante os desafios.

Lembre-se de que o equilíbrio entre a riqueza material e o bem-estar emocional é um processo contínuo

Fazer uma autoavaliação de si mesmo após a realização dos seus objetivos, dos seus sonhos, é um processo importante para o autoconhecimento e o desenvolvimento pessoal.

Lembre-se de que a autoavaliação é um processo contínuo. À medida que você cresce e muda ao longo do tempo, é importante revisitar sua autoavaliação regularmente e ajustar suas metas e ações conforme necessário. A autoavaliação pode ser uma ferramenta poderosa para impulsionar seu autodesenvolvimento e alcançar uma vida mais satisfatória e significativa.

Comece refletindo sobre quais são seus valores pessoais. Quais são as coisas que são mais importantes para você na vida? O que você valoriza em termos de carreira, relacionamentos, saúde, felicidade e sucesso? Conhecer seus valores ajudará a orientar suas decisões e ações.

Avalie suas realizações: *Faça uma lista das suas principais realizações até o momento. Pense em momentos em que você se sentiu orgulhoso, superou desafios ou alcançou metas importantes. Isso ajudará a reconhecer suas capacidades e conquistas passadas.*

Identifique suas habilidades e pontos fortes: *Faça uma análise honesta das suas habilidades e pontos fortes. Quais são as habilidades em que você se destaca? Quais são os talentos naturais que você possui? Identificar suas habilidades ajudará a aproveitá-las e desenvolvê-las ainda mais.*

Reconheça suas áreas de melhoria: *Da mesma forma, identifique as áreas em que você gostaria de melhorar. Quais são os aspectos da sua vida em que você deseja crescer e desenvolver? Essa consciência permitirá que você defina metas e busque oportunidades de aprendizado e crescimento.*

Avalie sua felicidade e satisfação geral: *Faça uma avaliação honesta sobre sua felicidade e satisfação geral em diferentes áreas da sua vida, como relacionamentos, carreira, saúde, finanças e bem-estar emocional. Identifique quais áreas estão trazendo mais satisfação e quais precisam de mais atenção e trabalho.*

Defina metas realistas: **Com base na sua autoavaliação, defina metas realistas para o seu desenvolvimento pessoal. Pense em áreas específicas que você deseja melhorar e estabeleça metas mensuráveis e alcançáveis. Isso ajudará a direcionar seus esforços e acompanhar seu progresso ao longo do tempo.**

Busque feedback externo: **Além da autoavaliação, também é valioso buscar feedback externo de pessoas confiáveis, como amigos, familiares, mentores ou colegas de trabalho. Eles podem oferecer uma perspectiva diferente e insights sobre suas qualidades, habilidades e áreas de melhoria.**

Criando um mindset de visão de crescimento financeiro para o futuro.

Desenvolver um mindset de visão de crescimento financeiro requer tempo, esforço e compromisso. Mas, ao adotar essas práticas, você estará pavimentando o caminho para uma mentalidade financeira mais positiva e resiliente, preparando-se para um futuro de prosperidade e crescimento.

Regularmente, revise seu plano financeiro, faça ajustes quando necessário e celebre suas conquistas. À medida que você avança, suas metas e circunstâncias podem mudar, então é importante manter seu plano atualizado e adaptado à sua situação atual.

Busque estar rodeado de pessoas que compartilham uma mentalidade de crescimento financeiro.

Veja os desafios como oportunidades de aprendizado e crescimento, e esteja disposto a superar obstáculos em busca de seus objetivos financeiros. Esteja ciente que o maior retorno que poderás ter para um crescimento bilionário é o investimento.

Aprender sobre investimento financeiro é uma habilidade valiosa para alcançar a estabilidade financeira e construir riqueza. Como saber escolher uma corretora renomada e confiável, que tenha uma história ou trajetória de conquistas e sucesso financeiro, podendo ser indicado por pessoas que fazem o uso da mesma para o seu crescimento financeiro.

Todo sábio rico, milionário, multimilionário ou bilionário *é obrigatório saber sobre finanças e investimentos*, para que não haja nenhum tipo de mal ocorrido no futuro, perca ou mesmo roubo de seus bens. Devendo ter a responsabilidade e a consciência de ter sempre os pés o chão para que não seja vítima de fraude.

Aqui estão algumas áreas-chave para focar ao aprender sobre investimentos:

Conceitos básicos de investimento: Comece entendendo os conceitos fundamentais de investimento, como retorno, risco, diversificação, liquidez e horizonte de investimento. Familiarize-se com os diferentes tipos de investimentos, como ações, títulos, fundos mútuos, imóveis e investimentos alternativos.

Estratégias de investimento: Explore diferentes estratégias de investimento, como investimento de longo prazo, investimento em valor, investimento em crescimento, investimento em dividendos, entre outras. Compreenda as vantagens e desvantagens de cada estratégia e como elas se alinham aos seus objetivos financeiros pessoais.

Análise de risco e retorno: Aprenda a avaliar o risco e o retorno potencial de diferentes investimentos. Isso envolve entender como realizar pesquisas e análises de mercado, examinar demonstrativos financeiros, avaliar a saúde financeira de empresas ou projetos imobiliários e analisar o desempenho passado de investimentos.

Diversificação: Entenda a importância da diversificação de investimentos e como isso pode reduzir o risco geral de sua carteira. Aprenda sobre a alocação de ativos, ou seja, distribuir seu dinheiro entre diferentes classes de ativos, setores e regiões geográficas para equilibrar os riscos e maximizar os retornos potenciais.

Gerenciamento de riscos: Estude técnicas de gerenciamento de riscos, como estabelecer uma reserva de emergência, proteger-se contra eventos imprevistos com seguro adequado e implementar estratégias de hedge para mitigar riscos específicos.

Conhecimento sobre o mercado financeiro: Mantenha-se atualizado sobre as notícias e tendências do mercado financeiro. Acompanhe os principais indicadores econômicos, políticas governamentais, eventos globais e desenvolvimentos tecnológicos que possam afetar os mercados financeiros e seus investimentos.

Educação contínua: Invista em sua própria educação financeira continuamente. Leia livros, participe de cursos, workshops e seminários sobre investimentos. .
Acompanhe blogs, podcasts e canais especializados em finanças e investimentos para se manter informado sobre as melhores práticas e estratégias atualizadas.

Consulte profissionais qualificados: Considere a possibilidade de buscar a orientação de profissionais financeiros, como consultores de investimento ou planejadores financeiros certificados. Eles podem ajudá-lo a desenvolver uma estratégia de investimento personalizada com base em seus objetivos e tolerância ao riscos.

Tenha sempre em sua mente consciente que é necessário aprender sobre investimento e ter uma corretora séria e acima de tudo com profissionais honestos.

Antes de tudo, faça uma pesquisa sobre o mercado de investimento e as corretoras, para que você esteja pronto para alavancar ainda mais seus negócios aumentando seu faturamento futuro.

O PODER
MINDSET BILIONÁRIO
Os Maiores Bilionários e
seus Mindset de Sucesso

RUSSEL BRUNSON

BILIONÁRIO DO MARKETING DIGITAL

Criador do
Método Funil
de Vendas

Russell Brunson é um renomado empreendedor, autor e especialista em marketing digital que causou um grande impacto no mundo dos negócios online. Nascido em 8 de março de 1980, em Provo, Utah, Russell iniciou sua jornada em direção à riqueza e ao sucesso em uma idade relativamente jovem.

Durante seus anos na faculdade, na Universidade Estadual de Boise, Russell ficou fascinado com o conceito de ganhar dinheiro online. Em 2003, ainda como estudante, ele lançou sua primeira empresa online, especializada na venda de armas de batata. Essa empreitada marcou sua entrada no mundo do comércio eletrônico e preparou o terreno para seus futuros empreendimentos.

Em 2005, Russell cofundou a ClickFunnels, uma plataforma de software que revolucionou a maneira como empreendedores e empresas criam funis de vendas e comercializam seus produtos online. A ClickFunnels rapidamente ganhou popularidade e se tornou um divisor de águas na indústria de marketing digital.

Com o sucesso da ClickFunnels, Russell se estabeleceu como uma autoridade em marketing online e estratégias de funil de vendas. Ele escreveu vários livros best-sellers, incluindo "Segredos da Arte de Vender Online" e "Segredos dos Especialistas", que forneceram insights valiosos sobre como construir negócios online de sucesso e aproveitar táticas de marketing digital. A habilidade de Russell em criar estratégias eficazes de marketing online e funis de vendas o levou a se tornar um palestrante requisitado em eventos e conferências ao redor do mundo. Ele também fundou a Funnel Hacking, um movimento que reúne empreendedores para compartilhar conhecimento e experiências no campo do marketing digital.

Ao longo de sua carreira, Russell acumulou uma fortuna considerável e foi reconhecido como um dos empreendedores mais influentes da era digital. Sua abordagem inovadora e sua paixão por ajudar outras pessoas a alcançar o sucesso online o tornaram uma figura inspiradora para muitos aspirantes a empreendedores. Atualmente, Russell continua a liderar a ClickFunnels, desenvolvendo novas estratégias e ferramentas para ajudar empresários e profissionais de marketing a alcançarem seus objetivos de negócios.

Sua visão e expertise continuam a moldar o cenário do marketing digital e a inspirar pessoas em todo o mundo a perseguirem seus sonhos de sucesso e riqueza através da internet.

Além de sua notável trajetória empreendedora, uma das características distintivas de Russell Brunson é sua capacidade de mindset (mentalidade) resiliente e focada. Ele acredita firmemente que o sucesso nos negócios é alcançado por meio de uma mentalidade positiva e uma disposição para enfrentar desafios.

Russell compreende que o caminho para a riqueza não é isento de obstáculos e fracassos. No entanto, em vez de se deter nas adversidades, ele encara essas experiências como oportunidades de aprendizado e crescimento. Sua mentalidade empreendedora o impulsiona a superar as dificuldades, aprender com os erros e continuar buscando soluções inovadoras.

Além disso, Russell é um forte defensor do conceito de "mente milionária", que envolve a crença de que é possível alcançar a riqueza e o sucesso por meio do desenvolvimento de uma mentalidade próspera. Ele enfatiza a importância de cultivar pensamentos positivos, acreditar em si mesmo e visualizar seus objetivos para manifestar a realidade desejada.

Russell também incentiva a prática da gratidão e do foco no crescimento pessoal. Ele compreende que a construção de uma empresa próspera está intrinsecamente ligada ao desenvolvimento contínuo do empreendedor. Portanto, ele busca constantemente expandir seus conhecimentos, aprender com mentores e compartilhar suas experiências para inspirar e ajudar outras pessoas em sua jornada empreendedora.

A mentalidade de Russell Brunson é um fator crucial em sua trajetória rumo à riqueza. Sua determinação, resiliência e compromisso com o crescimento pessoal o tornaram um modelo inspirador para empreendedores e profissionais de negócios em todo o mundo. Ele prova que, com a mentalidade certa, é possível superar obstáculos e alcançar o sucesso duradouro.

ELON MUSK

Elon Musk ultrapassa Jeff Bezos
e se torna o mais rico do mundo
Soma US$ 188,5 bilhões...

DONO DA REDE
SOCIAL TWITTER

Elon Musk é um empresário e inventor de renome internacional, conhecido por seu trabalho revolucionário na indústria de tecnologia e transporte. Nascido em 28 de junho de 1971, em Pretória, África do Sul, Musk desenvolveu uma paixão pela ciência e inovação desde tenra idade.

Após concluir seus estudos na África do Sul, Elon Musk se mudou para os Estados Unidos para frequentar a Universidade da Pensilvânia. Posteriormente, ele obteve um diploma em Economia e Física na Universidade de Wharton, antes de iniciar seus estudos de doutorado em Física Aplicada na Universidade de Stanford. No entanto, Musk abandonou o programa de doutorado para perseguir oportunidades empresariais.

Sua primeira empreitada de sucesso foi a fundação da Zip2 Corporation, uma empresa de software que fornecia soluções para a indústria de jornais. Musk vendeu a Zip2 por uma quantia significativa e, em seguida, fundou a X.com, uma empresa de serviços financeiros online. A X.com posteriormente se tornou o que hoje conhecemos como PayPal, uma das maiores plataformas de pagamento online do mundo. A venda do PayPal para o eBay rendeu a Musk uma grande fortuna.

O verdadeiro destaque na carreira de Elon Musk veio quando ele direcionou sua atenção para a indústria espacial e automotiva. Ele fundou a SpaceX em 2002, com o objetivo de tornar as viagens espaciais comerciais uma realidade. Musk enfrentou inúmeros desafios ao longo do caminho, inclusive com o fracasso inicial dos primeiros lançamentos de foguetes da SpaceX. No entanto, seu mindset resiliente e determinado o levou a perseverar, superar os obstáculos e, eventualmente, alcançar sucessos notáveis, como o desenvolvimento do Falcon 1, Falcon 9 e Falcon Heavy, além de levar a primeira missão tripulada comercial à Estação Espacial Internacional.

Além da SpaceX, Elon Musk é conhecido como o CEO e cofundador da Tesla, Inc., uma das empresas líderes na fabricação de veículos elétricos. Sua visão ousada de criar um futuro sustentável e livre de emissões de carbono tem sido um impulso para a popularização dos carros elétricos em todo o mundo.

O mindset de sucesso financeiro de Elon Musk é marcado por sua mentalidade empreendedora, visão de longo prazo e disposição para correr riscos. Ele é conhecido por sonhar grande, estabelecer metas audaciosas e trabalhar incansavelmente para alcançá-las. Musk é famoso por seu otimismo e confiança inabalável em sua capacidade de superar desafios e criar mudanças significativas na indústria.

Elon Musk também é um exemplo de como o mindset empreendedor pode ser combinado com uma abordagem visionária para criar impacto não apenas no mundo dos negócios, mas também na sociedade em geral. Sua busca incessante por inovação e sua crença no poder da tecnologia para resolver problemas globais têm inspirado uma nova geração de empreendedores e visionários.

Em resumo, Elon Musk demonstra um mindset de sucesso financeiro baseado na coragem, resiliência, visão e determinação para alcançar metas audaciosas e promover mudanças significativas. Sua trajetória e conquistas são testemunho de como a mentalidade certa pode impulsionar o sucesso financeiro e o impacto duradouro.

OPRAH WINFREY

Uma das mulheres mais influentes e bem-sucedidas do mundo.

Oprah Winfrey é uma personalidade icônica da mídia, empresária, produtora de televisão e filantropa reconhecida internacionalmente. Nascida em 29 de janeiro de 1954, em Kosciusko, Mississippi, ela superou uma infância difícil e se tornou uma das mulheres mais influentes e bem-sucedidas do mundo.

Desde cedo, Oprah demonstrou um talento excepcional para comunicação e oratória. Aos 17 anos, ela começou sua carreira no rádio, e em 1976, se tornou apresentadora de um talk show matinal local em Chicago. Seu carisma, empatia e habilidade de conectar-se com o público foram fundamentais para o sucesso do programa.

Em 1986, Oprah lançou seu próprio programa de televisão chamado "The Oprah Winfrey Show". Com um formato único e foco em temas relevantes, como autoajuda, saúde, bem-estar e assuntos sociais, o programa rapidamente se tornou um fenômeno de audiência e o talk show mais assistido da história da televisão nos Estados Unidos.

O sucesso do programa de televisão deu a Oprah uma plataforma poderosa para compartilhar histórias inspiradoras, apresentar novos talentos, promover livros e produtos, e impactar positivamente a vida de milhões de telespectadores. Além de seu trabalho na televisão, ela expandiu seus negócios e se tornou uma produtora de sucesso, fundando a Harpo Productions e produzindo inúmeros filmes e programas de TV aclamados.

A vida de Oprah não tem sido isenta de desafios e adversidades. Ela enfrentou obstáculos pessoais e profissionais, mas sempre demonstrou um mindset resiliente e determinado para superá-los. Oprah acredita no poder da autotransformação, do crescimento pessoal e da responsabilidade própria. Ela inspira as pessoas a assumirem o controle de suas vidas e a buscarem o melhor de si mesmas.

O mindset de sucesso de Oprah é caracterizado por sua busca constante por conhecimento e crescimento pessoal. Ela é uma ávida leitora e defensora da educação, acreditando que o aprendizado contínuo é essencial para o sucesso e a realização pessoal. Além disso, Oprah valoriza a importância da gratidão, da compaixão e da conexão humana em suas interações com os outros.

Oprah como filantropa generosa, Oprah tem se dedicado a causas sociais e é conhecida por sua contribuição significativa para projetos de educação, saúde, empoderamento feminino e desenvolvimento comunitário. Sua fundação, a Oprah Winfrey Leadership Academy for Girls, proporciona educação de qualidade para meninas sul-africanas em situações de vulnerabilidade.

Oprah Winfrey é uma prova viva de como a determinação, a paixão e a crença em si mesma podem levar ao sucesso. Seu mindset positivo, aliado ao seu trabalho árduo e à sua habilidade de se conectar com o público, a transformou em uma das figuras mais influentes do mundo do entretenimento e além.

Sua história inspiradora e seu compromisso em ajudar os outros são um testemunho de como uma mentalidade de sucesso, combinada com uma genuína preocupação com o bem-estar dos outros, pode criar um impacto duradouro e positivo na vida das pessoas e na sociedade como um todo.

BOB PROCTOR

Renomado palestrante motivacional, autor e especialista em desenvolvimento pessoal e sucesso.

Bob Proctor é um renomado palestrante motivacional, autor e especialista em desenvolvimento pessoal e sucesso. Nascido em 5 de julho de 1934, em Ontario, Canadá, Proctor passou grande parte de sua vida estudando e ensinando os princípios do sucesso e da realização pessoal.

A jornada de Bob Proctor rumo ao sucesso começou quando ele estava em uma situação financeira difícil e sentia-se insatisfeito com sua vida. Ele mergulhou nos estudos de autoaperfeiçoamento, concentrou-se em aprender e aplicar os princípios do pensamento positivo e da lei da atração.

O ponto de virada na carreira de Proctor foi quando ele descobriu o livro "Pense e Enriqueça" (Think and Grow Rich), de Napoleon Hill. Essa leitura despertou uma nova perspectiva em Proctor e o inspirou a buscar seu próprio caminho de sucesso. Ele adotou os princípios ensinados no livro e aplicou-os em sua vida, alcançando uma transformação significativa.

Desde então, Bob Proctor se tornou um dos principais especialistas em desenvolvimento pessoal, com foco no poder da mente e na capacidade de criar uma vida de prosperidade e sucesso. Ele fundou a Proctor Gallagher Institute, uma organização dedicada a ajudar pessoas a transformarem suas vidas e atingirem seu pleno potencial.

O mindset de sucesso de Bob Proctor é fundamentado na crença de que todos têm o poder de criar a vida que desejam. Ele acredita que o pensamento positivo, combinado com ação consistente, é a chave para alcançar resultados extraordinários. Proctor incentiva as pessoas a se libertarem das limitações autoimpostas e a expandirem sua visão de si mesmas e do mundo ao seu redor.

Um dos conceitos-chave defendidos por Bob Proctor é a lei da atração, que afirma que os pensamentos e as emoções que cultivamos em nossa mente têm o poder de atrair experiências e circunstâncias correspondentes. Ele enfatiza a importância de adotar uma mentalidade de abundância, superar o medo e o autoquestionamento, e criar uma imagem clara dos objetivos desejados.

Ao longo de sua carreira, Bob Proctor inspirou milhões de pessoas em todo o mundo por meio de suas palestras, treinamentos e livros. Seus ensinamentos impactaram a vida de empresários, líderes, atletas e pessoas comuns que buscam uma transformação positiva. Ele compartilha histórias inspiradoras, estratégias práticas e ferramentas para ajudar as pessoas a alcançarem o sucesso em todas as áreas de suas vidas.

A abordagem de Bob Proctor para o sucesso é baseada na combinação de uma mentalidade positiva, pensamento estratégico e ação consistente. Ele acredita que o verdadeiro sucesso não é apenas medido em termos de riqueza material, mas também em termos de realização pessoal, felicidade e contribuição para o bem-estar dos outros.

Em resumo, Bob Proctor é um visionário do desenvolvimento pessoal e um defensor apaixonado do potencial humano ilimitado. Seu mindset de sucesso inspira as pessoas a desafiarem suas crenças limitantes, acreditarem em si mesmas e a trabalharem em direção a uma vida de realização e prosperidade.

Conclusão: O caminho
para liberdade financeira

A busca pela liberdade financeira é uma jornada emocionante e recompensadora. Ao longo deste caminho, aprendemos que a liberdade financeira não é apenas sobre acumular riqueza material, mas também sobre ter o controle sobre nossa vida, desfrutar de segurança financeira e ter a capacidade de viver de acordo com nossos valores e objetivos.

Para alcançar a liberdade financeira, é essencial desenvolver uma mentalidade de crescimento, onde estamos dispostos a aprender, crescer e nos adaptar às mudanças. Devemos estar abertos a explorar diferentes oportunidades, investimentos e empreendimentos, enquanto também gerenciamos riscos e tomamos decisões informadas.

Construir uma base sólida de conhecimento financeiro e investimento é fundamental. Devemos nos educar sobre as estratégias e os conceitos-chave que nos permitirão fazer escolhas inteligentes e maximizar nosso potencial de crescimento financeiro.

Além disso, a liberdade financeira não pode ser alcançada isoladamente. É importante construir uma rede de apoio sólida, envolvendo-se com pessoas que compartilham a mesma visão de sucesso financeiro. Mentores, parceiros de negócios e comunidades de apoio podem nos oferecer orientação, inspiração e oportunidades valiosas para acelerar nosso progresso.

Ao longo do caminho, encontraremos desafios e adversidades. No entanto, a resiliência, a persistência e a capacidade de transformar fracassos em lições valiosas serão nossos aliados. Devemos abraçar a mentalidade de solução e estar dispostos a enfrentar obstáculos de frente, aprendendo com cada experiência e ajustando nosso curso quando necessário.

À medida que progredimos em direção à liberdade financeira, é essencial manter o equilíbrio entre a busca pela riqueza material e o bem-estar emocional. Isso envolve cuidar de nossa saúde física e mental, priorizar relacionamentos significativos e encontrar alegria nas experiências simples da vida. A verdadeira liberdade financeira é um estado de harmonia entre a prosperidade material e o contentamento interior.

Em conclusão, o caminho para a liberdade financeira exige compromisso, aprendizado contínuo e uma mentalidade de crescimento. É um processo que requer paciência, dedicação e resiliência. Mas, ao adotar as práticas e os princípios certos, podemos nos aproximar cada vez mais da liberdade financeira, permitindo-nos viver uma vida de escolhas, abundância e realização plena.

Querido amigo (a),
Eu estou aqui para te encorajar a assumir o controle e buscar a abundância que você deseja. Você tem dentro de si o poder de criar a vida que sempre sonhou. Lembre-se de que o caminho para a abundância não é fácil, mas com determinação, perseverança e uma mentalidade positiva, você pode alcançar o sucesso.

Acredite em si mesmo e em suas habilidades. Reconheça seus talentos e paixões, e use-os como base para construir o seu caminho. Esteja disposto a enfrentar desafios e aprender com eles. Cada obstáculo é uma oportunidade de crescimento e de se tornar mais forte.

Mantenha-se focado em seus objetivos e visualize a vida abundante que deseja. Use a imaginação e a visualização criativa para se conectar com essa realidade e atraí-la para sua vida. Ao mesmo tempo, esteja aberto a novas oportunidades e esteja disposto a se adaptar e ajustar seu plano conforme necessário.

Cultive uma mentalidade positiva e gratidão. A gratidão pelas coisas boas em sua vida atual atrairá mais coisas positivas para você. Concentre-se no presente e nas possibilidades do futuro, deixando para trás as preocupações e os arrependimentos do passado.

Encontre apoio em pessoas que compartilham seus objetivos e valores. Cerque-se de uma rede de suporte que o motive, inspire e o ajude a se manter no caminho certo. Lembre-se de que você não está sozinho nessa jornada.

E, por último, mas não menos importante, seja paciente consigo mesmo. A abundância não acontece da noite para o dia, mas com esforço consistente e confiança em seu potencial, você está construindo uma base sólida para o sucesso.

Então, vá em frente, abrace o controle sobre sua vida e busque a abundância que você deseja. O universo está torcendo por você. Você é capaz de alcançar grandes coisas!

Desejos sucesso ..

Forte abraço!

www.ingramcontent.com/pod-product-compliance
Lightning Source LLC
Chambersburg PA
CBHW070910260726
48661CB00004B/1680